**기독교문서선교회**(Christian Literature Center: 약칭 CLC)는 1941년 영국 콜체스터에서 켄 아담스에 의해 시작되었으며 국제 본부는 미국 필라델피아에 있습니다.
국제 CLC는 약 650여 명의 선교사들이 59개 나라에서 180개의 서점을 운영하며 이동 도서 차량 40대를 이용하여 문서 보급에 힘쓰고 있으며 이메일 주문을 통해 130여 국으로 책을 공급하고 있는 국제적 문서선교 기관입니다.

_____ 님께

영혼을 구하고, 사람을 살리는 예부 되기를

진심으로 기원합니다

서민수 목사 드림

추천사 1

조 준 민 목사
LA 치노밸리 아름다운교회 담임

어느 시대에나 그 시대의 추이를 판단하며 결정해 주는 사람들이 필요하다. 나침반과 같은 역할을 하는 사람들 말이다.

다윗의 군대 안에는 잇사갈 지파 사람들이 있었다. 그들 중에는 그 시대의 흐름을 아는 사람이 이백 명이나 있었다. 그 이백 명은 지도자의 자리에서 다윗의 군대가 모든 어려움을 돌파하고 이스라엘 나라를 세우는 것을 도왔다. 이 시대에도 잇사갈 지파의 사람들처럼 예수님의 군대로 시대의 난관을 극복하고 나가는 사람들이 필요하다.

오늘날 우리 교계에 들려오는 소리가 있다. 안 된다는 아우성이다. 개척교회가 안 되고, 전도가 안 되고, 부흥이 안 된다는 소리이다. 한결같이 부정적인 소리이다.

우리의 생각도 이미 이런 소리에 기울어져 있는지 모른다. 목회가 엉킨 실타래처럼 풀리지 않고 전도가 안 될 때 시대를 탓하는 우리의 모습에서 그런 생각이 읽힌다.

시대에 대한 가장 탁월한 통찰력을 소유한 분은 단연코 예수님이시다. 예수님은 우리에게 인생 최고의 가치가 있는 지상명령을 하셨다. 예수님이 이 시대를 몰라서, 아니면 우리를 힘들게 하려고 그런 명령을 내리신 것이 아니다. 그리고 예수님은 그 일을 수행하는 제자들에게 "볼지어다 내가 세상 끝날까지 너희와 항상 함께 있으리라"(마 28:20)라고 약속하셨다. 우리의 모든 불안과 두려움을 걷어 내는 최고의 약속이다.

서민수 목사의 이 책은 시대를 초월하여 묵묵히 예수님의 지상명령에 순종하겠다는 한 목사의 출사표(出師表)이다. 어떤 역경을 맞닥뜨리더라도 영혼 구원이라는 명령 앞에서 물러설 수 없다는 다짐이 보이는 책이다.

이 책은 전도의 접촉점을 고민한 책이다. 제목 자체부터 목사가 썼다고 보기 힘든 제목이다. 그런 점에서 이 책은 우리에게 신자의 직업이나 아르바이트가 단순히 경제적 의미에 머물지 않는다고 도전한다. 직업을 다른 말로 콜링(calling, 소명)이라고 한다. 이는 단순히 종교적 직분으로의 부름만이 아니다. 직업으로의 부름 역시 하나님의 섭리이다.

저자의 전도에 대한 고민은 바로 본인의 파트타임 직업에서 시작되었고, 그 고민이 영혼 구원의 현장으로 확장되었다. 그래서 이 책은 솔직하고 담백한 저자의 고백이며 삶의 이야기이다. 내용이 쉽다. 무엇인가 자랑하고자 하는 현학적 허세는 찾아볼 수 없다. 오직 삶의 현장에서 치열하게 영혼 구원을 위해 몸부림치고 있는 한 작은 목사의 열정이 녹아 있을 뿐이다.

   나는 이 책이 단지 전도 현장에서 적용되는 것으로 멈추기를 원하지 않는다. 자신의 직업은 전도에 아무런 도움이 되지 않는다고 생각하는 수많은 신자에게, 그 자리가 바로 하나님이 그를 전도자로 세우신 자리임을 깨닫게 하는 나침반 같은 책이 되기를 원한다.

추천사 2

안 성 복 목사
군포 세린교회 담임

"너희를 생각할 때마다 나의 하나님께 감사하며 간구할 때마다 너희 무리를 위하여 기쁨으로 항상 간구"(빌 1:3-4)하는 마음은 빌립보 교회를 향한 바울의 마음이자, 『공진단 목사』의 저자인 서민수 목사를 향한 나의 마음이기도 하다.

서민수 목사는 내가 미국에서 사역할 당시, 나와 한 교회를 섬겼다. 담임목사와 교육전도사로 만나서 서민수 목사가 안수받고 담임목회를 위해 나가기까지, 몇 년의 세월을 동역했다. 동역하는 내내 '이민자가 겪는 모든 어려움이 왜 하나도 빠짐없이 저분에게만 다 가는 걸까' 하는 생각이 들 정도로 힘들고 어려운 상황이 연속되는 것을 보았다. 그런 가운데서도 내가 가까이서 본 서민수 목사는 오직 복음으로 살고 목회자답게 살아가는 진실한 분이었다.

2023년, 미국에 방문하여 서 목사를 잠시 만났다. 서 목사는 "목사님께 드리려고 제가 만든 겁니다" 하며 정성스레 준비한 '공진단'을 내밀었다. 한눈에 보아도 귀해 보였다. 한국에 귀국하면 곧바로 주일 4부까지 설교를 해야 해서, 받자마자 먹고 그다음 날 비행기에서 먹고 주일 아침에도 먹었다. 여행으로, 긴 비행으로, 시차로, 그리고 주일에 4부까지 한 설교로 몹시 피곤한 게 당연했다. 그래서 월요일 새벽에 못 일어날 줄 알았는데, 아주 거뜬하게 일어났다. 정말 감사한 마음으로 20일간 꾸준히 먹으면서 이 공진단이 몸에 참 좋다는 것을 실제 경험할 수 있었다.

그 후, 간간이 SNS를 통하여 서 목사가 〈공진단 만들기 클래스〉를 진행한다는 소식을 접했다. 내가 아는 서민수 목사는 무슨 일을 해도 허투루 하는 적이 없고 복음 중심으로 하며 항상 진실한 분이기에, 함께 기도하며 그 사역을 마음 깊이 응원했다.

얼마 전, 미국에서 다시 만났을 때 〈공진단 만들기 클래스〉 사역에 대한 이야기를 세세히 들을 수 있었고, 이 사역이 교회에 실제적인 도움을 줄 수 있다고 확신할 수 있었다.

이 책에는 서민수 목사가 왜 이 사역을 하고 있는지, 어떻게 클래스가 진행되는지, 교회에 실제로 어떤 도움이 되는지가 자세히 기록되어 있다. 그리고 서 목사의 복음을 향한 진심이 담겨 있다. 이 책이 많은 분에게 읽히고 〈공진단 만들기 클래스〉를 통하여 부흥의 새바람이 교회마다 불어오기를 소망하며 기쁜 마음으로 이 책을 추천한다.

추천사 3

장창호 목사
남가주 얼바인새교회 담임

이 책은 공진단을 직접 만들며 불신자들을 만나고 복음을 전하는 사역에 관한 이야기를 담고 있다. 전통 한약에 대한 깊이 있는 이해와 정성을 담아 공진단을 만드는 과정에서 많은 이가 마음을 열고 자연스럽게 복음의 메시지를 듣게 된다. 특별히 서민수 목사의 진심 어린 헌신과 신앙의 열정은 공진단을 넘어 영혼을 치유하는 힘이 되어 불신자들에게 다가가고 있다.

이 책을 통해 〈공진단 만들기 클래스〉가 비그리스도인에게 어떻게 영혼 구원의 도구가 될 수 있는지 깊이 알게 되었다.

추천사 4

신경섭 목사
LA 라크레센타 어노인팅교회 담임

〈공진단 만들기 클래스〉에 대해 처음 들었을 때 '손재주 없는 내가 잘할 수 있을지 모르겠다'라고 생각했는데 막상 클래스에 가서는 잘 만들었다. 공진단으로 전도가 되려나 걱정 반 확신 반으로 시도했는데 세상 말로 대박이 났다. 천국은 침노하는 사의 것(마 11:12)이라는 말씀과 "하나님의 나라는 말에 있지 아니하고 오직 능력에 있음이라"(고전 4:20)라는 말씀을 체험하게 한 〈공진단 만들기 클래스〉이다.

할렐루야!

추천사 5

정영길 목사
메릴랜드주 피플스교회 담임, 메릴랜드침례교지방회 회장

『공진단 목사』, 새 책이 탄생하였다. 첫 번째 관심작인 『FISH 전도법』에 이어 서민수 목사의 영혼 구원과 전도에 대한 열정이 담긴 두 번째 책이다.

이 책은 어떻게 하면 복음을 전하고 나누어 한 생명이라도 하나님의 사랑을 깨닫게 할지 연구하며 기도하여 집필했지만 이론적 전도법이 아니라 경험서이다. 서 목사의 진솔한 삶의 고백과 발로 뛰어온 사역의 발자국이 그대로 새겨져 있다. 그는 한의약(한방)이라는 힐링의 도구를 영혼을 살리고 전도하는 일에 사용하려고 연구했다. 공진단은 영혼 구원의 도구이다. 그는 이 도구로 제자를 세우고 예수님의 사명을 수행하려고 몸부림치며 뛰고 있다.

당신의 교회와 단체에서 〈FISH 전도법〉과 〈공진단 만들기 클래스〉를 시행해 보기를 적극 추천한다. 이 책으로 복음 전파의 사명을 이웃에게 다시 이루어 나가기를 도전한다.

추천사 6

정진은 목사
테네시주 낙스빌 사랑교회 담임

복음은 영원하지만 시대마다, 문화마다 복음을 담아내는 그릇은 달라야 한다는 이야기가 있다. 이 책은 복음 전도가 너무도 어려워진 이 시대 속에서 그 복음을 효과적으로 담아낼 수 있는 그릇을 알려 주는 책이다.

단언컨대 이 책은 복음 전도가 사라져 가는 시대 속에서 소망과 길라잡이가 되어 줄 것이다. 책을 다 읽고 닫을 때 당신의 심장은 다시금 복음 전도를 위해 뛰게 될 것이다.

공진단 목사

Gongjindan Pastor
Written by Carl Suh
All rights reserved.
Korean Edition Copyright ⓒ 2024 by Christian Literature Center, Seoul, Korea.

공진단 목사

2024년 12월 26일 초판 발행

지 은 이 | 서민수

편　　집 | 이소현
디 자 인 | 소신애, 서민정, 이보래
펴 낸 곳 | (사)기독교문서선교회
등　　록 | 제16-25호(1980. 1. 18.)
주　　소 | 서울특별시 동대문구 천호대로71길 39
전　　화 | 02-586-8761~3(본사) 031-942-8761(영업부)
팩　　스 | 02-523-0131(본사) 031-942-8763(영업부)
이 메 일 | clckor@gmail.com
홈페이지 | www.clcbook.com
송금계좌 | 기업은행 073-000308-04-020 (사)기독교문서선교회
일련번호 | 2024-128

ISBN 978-89-341-2771-0(03230)

이 책의 출판권은 (사)기독교문서선교회가 소유합니다.
신저작권법에 의하여 한국 내에서 보호를 받는 저작물이므로 무단 전재와 무단 복제를 금합니다.

〈FISH 전도법〉을 녹여 만든, 교회공동체를 위한 실전 전도 프로그램

공진단 목사

서민수 지음

CLC

목차

추천사 1 ··· **조준민 목사** | LA 치노밸리 아름다운교회 담임   003

추천사 2 ··· **안성복 목사** | 군포 세린교회 담임   006

추천사 3 ··· **장창호 목사** | 남가주 얼바인새교회 담임   008

추천사 4 ··· **신경섭 목사** | LA 라크레센타 어노인팅교회 담임   009

추천사 5 ··· **정영길 목사** | 메릴랜드주 피플스교회 담임   010

추천사 6 ··· **정진은 목사** | 테네시주 낙스빌 사랑교회 담임   011

감사의 글 ·· 018

01	시방, 이게 누구여?	021
02	아따, 들어는 봤소잉 '공진단'?	044
03	모이는 건 일도 아니제!	068
04	언능 오시오, 와서 보면 보인당께!	092
05	입이 열리면 맘도 열린당께요!	115
06	오메, 공진단 클래스이어라!	135

맺는 글 185

감사의 글

서 민 수 목사

풀러턴 방주교회 담임

목사면 목사지, 무슨 '공진단' 목사인가?

필자 본인도 목사라는 타이틀 앞에 굳이 공진단을 붙이는 것이 괜찮은 생각일까 고민했다. 필자는 미국으로 이민 와서 담임목회자로 교회를 섬기며 설교하는 지극히 평범한 목사인데, 언제부터인가 '공진단 목사'라는 별명 아닌 별명이 생겨 버렸다. 아마도 〈공진단 만들기 클래스〉를 통해 남가주를 비롯한 미주 전 지역에 전도 운동을 펼치고 있기 때문일 것이다.

공진단 목사로 불리든 말든, 필자의 첫 저서 『FISH 전도법』을 쓰고 뒤이어 준비하던 책을 위해 평소처럼 글을 쓰고 있었다. 물론, 전도와 관련된 책이다. 그런데 생각지 못한 마음의 감동이 있었다. 『FISH 전도법』을 통해 전국(미주)에 전도 운동 세미나와 〈공진단 만들기 클래스〉를 소개하려면 이 생소한 클래스에 대한 설명을 좀 더 자세히 정리해야 한다는 도전의 마음이었다. 쓰고 있던 원고를 멈추고 새로운 도전에 뛰어들었다. 시작하신 이가 끝을 내시리란 믿음 외엔 아무것도 없이 시작된 도전이었다.

이 책을 통해 왜 필자에게 '공진단 목사'라는 별명이 붙었는지, 필자가 하는 〈FISH 전도법〉과 〈공진단 만들기 클래스〉가 구체적으로 어떤 사역인지를 설명하고자 한다.

솔직히 이 사역은 아직도 많은 이에게 생소할 뿐만 아니라, 어떤 이는 소위 '듣보잡'(듣도 보도 못한 잡스러운 것)처럼 여길지도 모른다. 맞다. 〈FISH 전도법〉은 전혀 유명하지 않다. 그렇지만 전도에 대한 확고한 열정이 빚어낸 독특한 전도법이다. 이 전도법을 기반으로 필자는 전도 운동을 펼치고 있다.

『FISH 전도법』을 읽어 보지 못한 분은 먼저 그 책부터 읽기를 권면한다. 그래야 그 전도법을 기반으로 펼치는 실전 〈공진단 만들기 클래스〉를 쉽게 이해할 수 있기 때문이다.

이 책은 개척교회나 가정교회와 같은 크지 않은 작은 교회들과, 영혼을 살리고 사람을 구하는 사역에 전략이 필요한 교회들에게 분명 도움이 되리라 생각한다. 동시에 '전도 팀'을 조직하여 운영하고 있거나 소그룹이 활성화된 교회들에게도 믿지 않는 영혼을 교회로 초대하여 복음을 전하는 일에 큰 도움을 줄 것이라 확신한다.

끝으로, 이 책이 나오기까지 그리고 〈FISH 전도법〉과 〈공진단 만들기 클래스〉가 현실의 사역 속에 펼쳐지기까지 격려하고 지원하며 수고를 아끼지 않고 동참해 준 사랑하는 아내 유진(Youjin), 아들(Caleb) 그리고 딸(Faith)에게 진심 어린 감사를 전한다. 그대들이 이 땅에 존재하는 가장 큰 내 사역(ministry)이요 동역자들임을 고백한다.

또한, 〈공진단 만들기 클래스〉가 방주교회의 갑판을 넘어 흩어진 디아스포라 교회공동체에 전해지는 일에 결정적 역할을 감당한 사랑하는 형님 조준민 목사, 동역자 전재성 목사에게도 감사의 마음을 전한다.

01

시방, 이게 누구여?
who are you?

🌰 처음도 끝도 전도여, 전도!

모든 세리와 죄인들이 말씀을 들으러 가까이 나아오니 바리새인과 서기관들이 수군거려 이르되 이 사람이 죄인을 영접하고 음식을 같이 먹는다 하더라 예수께서 그들에게 이 비유로 이르시되 너희 중에 어떤 사람이 양 백 마리가 있는데 그중의 하나를 잃으면 아흔아홉 마리를 들에 두고 그 잃은 것을 찾아내기까지 찾아다니지 아니하겠느냐 또 찾아낸즉 즐거워 어깨에 메고 집에 와서 그 벗과 이웃을 불러 모으고 말하되 나와 함께 즐기자 나의 잃은 양을 찾아내었노라 하리라 내가 너희에게 이르노니 이와 같이 죄인 한 사람이 회개하면 하늘에서는 회개할 것 없는 의인 아흔아홉으로 말미암아 기뻐하는 것보다 더하리라(눅 15:1-7).

첫 저서인 『FISH 전도법』에서 말했듯이 필자는 지극히 평범한 목사다. 이민목회를 통해 교회와 성도를 섬기는, 개척교회이자 작은 교회의 목사다. 여느 개척교회, 작은 교회의 목사와 다를 것 없이 교회를 세우고 지키며 운영하는 모든 일에 대한 관심과 고민으로 하루하루 살아가고 있다. 특별히 교회의 존재 목적이자 본질인 사람을 살리고 영혼을 구하는 일, 한마디로 전도하는 일에 무척이나 관심이 많고 열정이 넘치는 목사다.

'어떻게 하면 복음을 전하고 나눌 수 있을까?'

'어떻게 해야 한 생명이라도 하나님의 사랑을 깨닫게 할 수 있을까?'

이런 것이 필자의 고민이다.

이 같은 고민과 관심, 열정이 『FISH 전도법』이란 책으로 열매 맺혔다.

사실 처음부터 책을 내려고 한 것은 결코 아니었다. 솔직히 책을 쓰는 것은 고사하고 책을 많이 읽지도 않는 목사로서 감히 책을 써 보겠다는 생각을 할 수 없었다. 고작 다섯 페이지로 시작된 〈FISH 전도법〉 홍보물이 세미나 강의 자료로, 그리고 책으로 만들어지게 되었다. 이 과정에 많은 목사님과 신학대학원 교수님의 도전과 격려, 지원이 있었다.

이 전도법 때문에 필자는 여기저기 다니면서 구령의 메시지를 전하고, 세미나를 인도하고 있다. 일련의 사역을 하면 할수록 영혼 구원의 사역이 믿음을 가진 하나님의 자녀에게 얼마나 중요한 일인지를 더욱 깨닫게 된다. 영혼 구원의 은혜가 크면 클수록 사람을 살리고 구하는 일이 우리 자신에게, 그리고 하나님께 어떤 의미인지를 깊이 알게 되는 것이다.

영혼을 구원하기 위해 전도하는 삶은, 단순히 교회에 출석하고 교회에서 요구하는 여러 가지 일을 하는 교인으로서의 삶이 아니라 살아 계신 하나님과 그분의 말씀이 우리 속에서 살아 움직이는 제자로서의 삶을 의미한다.

예수님이 우리에게 주신 두 가지 가장 큰 계명인, 하나님을 사랑하고 이웃을 우리 몸처럼 사랑하는 일의 결정체가 바로 복음을 전하고 나누는 일이다.

이 일을 하면 할수록 하나님을 사랑하지 않고서는 이웃을 사랑할 수 없음을 발견하게 된다. 한 생명을 살리는 일에는 많은 에너지와 섬김, 희생이 동반된다. 참고 참아야 하는 인내와 한 생명이 구원받는 천국 잔치에 대한 기대와 소망 없이는 결코 감당할 수 없음을 깨닫게 된다.

그래서 처음도, 끝도 전도다, 전도!
태어나 죽는 그 순간까지 전도, 전도, 전도!
교회에 발을 들이는 순간부터 관 속에 들어가는 그 순간까지 영혼! 영혼! 영혼!

이러한 마음과 태도로 지난 2년간 〈FISH 전도법〉과 〈공진단 만들기 클래스〉라는 도구를 가지고 전도하며 살았다. 물론, 세상적으로 볼 때 이 전도법이 세상을 떠들썩하게 하거나 수많은 목회자에게 도전을 주는 소위 유명한 전도법이 되지는 못했다. 오히려 듣도 보도 못한 작은 교회, 개척교회 목사로 이름 없이 빛도 없이 영혼 구원의 운동을 나 나름대로 펼쳤다.

하나님의 사랑을 깨닫고 하나님의 자녀가 되었다면 누구에게나 자기 나름의 전도 방법이 있어야 한다. 어떤 방법을 통해 누구를 전도하고 있는지가 명확해야 한다. 만약 전도가 무엇인지, 전도를 어떻게 해야 하는지, 전도가 내 삶에 무슨 의미가 있는지에 대한 정확한 개념이 없다면 과연 내가 구원을 받았는가를 먼저 살펴야 한다.

내가 받은 구원이 크고 놀라운 은혜라고 한다면 이 은혜에 어떻게 보답하고 있는가를 살펴보아야 하지 않겠는가?

혹시 구원은 받았지만 죽는 그 순간까지, 내가 더 받아 누려야 할 것들에 대한 탐심으로 가득 찬 기도의 제목을 가지고 살아가고 있지는 않은가?

우리 하나님께 중요한 것은 처음도 끝도 영혼이요, 영혼에 대한 사랑이요, 구원이다. 하나님께 소중한 것에 다른 무엇이 더 존재하지 않는다. 하나님의 말씀인 성경에도 처음부터 끝까지 하나님의 사랑과 인간에 대한 구원의 역사가 기록되어 있다. 하나님의 자녀는 아버지 되신 하나님과 결을 같이하는 존재이다. 우리의 시작과 끝도 하나님의 사랑을 전하고 복된 소식이신 그분을 나누는 삶이다.

이 일을 위해 우리를 부르셨다. 이것이 복음(gospel), 즉 좋은 소식, 기쁜 소식이다.

🌐 그의 시작(History), 나의 이야기(My story)

> 그러므로 내가 이것을 말하며 주 안에서 증언하노니 이제부터 너희는 이방인이 그 마음의 허망한 것으로 행함같이 행하지 말라 그들의 총명이 어두워지고 그들 가운데 있는 무지함과 그들의 마음이 굳어짐으로 말미암아 하나님의 생명에서 떠나 있도다 그들이 감각 없는 자가 되어 자신을 방탕에 방임하여 모든 더러운 것을 욕심으로 행하되 오직 너희는 그리스도를 그같이 배우지 아니하였느니라 진리가 예수 안에 있는 것같이 너희가 참으로 그에게서 듣고 또한 그 안에서 가르침을 받았을진대 너희는 유혹의 욕심을 따라 썩어져 가는 구습을 따르는 옛사람을 벗

어 버리고 오직 너희의 심령이 새롭게 되어 하나님을 따라 의와 진리의 거룩함으로 지으심을 받은 새사람을 입으라(엡 4:17-24).

목사인 나는 부끄럽게도 예수님의 제자로서의 삶을 살기 시작한 지가 그리 얼마 되지 않는다. 신실하신 부모님 덕분에 모태에서부터 교회 바운더리(boundary) 안에서 교회의 문화와 신앙생활의 지침을 철저히 준수하는 삶을 살았다. 교회 일에 대한 열심과 열정이 누구에게도 뒤지지 않을 만큼 특심했다.

하지만, 그와 동시에 자기 의가 얼마나 많았는지 성경에 등장하는 바리새인이 남 같지 않았다. 그 정도가 되면 하나님이 잘 안 보이게 된다. 어느새 나의 의가 내 삶과 신앙의 중심이 되어 버렸다.

미국에 유학 올 때도 그랬다. 당시 한국에 있는 대학원에서 심리 치료를 전공하고 있었다. 2000년에 교환학생의 신분으로 미국 대학원으로 유학을 왔다. 미국에서 박사 학위를 따서 한국으로 돌아가는 것이 내 꿈이었다. 바라는 대로 잘될 줄 알았다.

근거는 딱 한 가지였다. 나는 내가 좋은 그리스도인이요 하나님의 자녀라고 생각했고, 당연히 하나님의 복을 받으리라 믿었다. 그것이 내가 한국에서 배웠던 소위 번영신학이요, 강단에서 들었던 복음이었다.

그런데 나의 기대와 소망과는 전혀 다른 인생이 펼쳐지게 되었다.

한국에 IMF가 터지고 아버지의 사업에 문제가 생기자 나는 끝없는 공포를 느끼며 하루하루를 먹고사는 일에 대한 고통으로 몸부림치게 되었다. 하나님을 이해할 수 없었다.

'하나님이 살아 계신다면 어떻게 이렇게 하실 수 있는가?'

이런 질문을 수없이 하면서 하나님을 원망하고 저주하기도 했다. 교회를 열심히 다니고, 교회 일에 솔선수범을 보여 헌신과 수고를 다했는데도 짓누르는 삶의 고통과 위기는 멈추지 않았다.

세상적으로 성공하고 싶은 욕망이 사라지지 않았다. 잘되고 싶었다. 아니, 잘되어야 좋은 그리스도인이요, 잘되는 것은 열심히 헌신한 당연한 대가라고 생각했다.

유명한 간증 프로그램이나 전도 집회에 단골로 초청되는 분들 가운데는 유명한 분, 성공한 분이 많다. 그런 분을 초청하는 이유를 모르지는 않는다. 예수 믿고 하나님의 자녀가 되면 세상적으로도 복을 받는다는 것을 보여 주기 위한 목적도 있음을 모를 정도로 어리석지 않다.

어릴 때부터 그런 간증과 강단에서의 말씀을 듣고 자라다 보니 세상적인 성공이 모범적인 신앙생활의 공식처럼 마음에 새겨져 있었다. 적어도 제자들을 찾아오신 예수님을 만나기 전까지는 그랬다.

> 갈릴리 해변에 다니시다가 두 형제 곧 베드로라 하는 시몬과 그의 형제 안드레가 바다에 그물 던지는 것을 보시니 그들은 어부라 말씀하시되 나를 따라오라 내가 너희를 사람을 낚는 어부가 되게 하리라 하시니 그들이 곧 그물을 버려두고 예수를 따르니라 (마 4:18-20).

이 말씀은 어릴 때부터 수도 없이 읽고 들었던 스토리(story)이다. 인간의 죄 문제를 해결하고 구원의 길을 열기 위해 예수님은 낮고 천한 인간의 모습으로 이 땅에 오셨다. 번영과 성공을 위해 이 땅에 오신 것이 아니었다.

예수님 닮기 원한다고 고백하지만 실상은 그분의 시작과 끝과 달라도 너무 다른 삶을 살고 있다는 것을 그전까지 나는 미처 깨닫지 못했다.

예수님을 만나기 전까지 제자들의 삶은 어떠했을까?

상상력이 동반된 영화 같은 장면이 내 머릿속을 스쳤다.

황금빛 햇살이 호수 위를 비추어 물결이 마치 수많은 보석을 모아 놓은 것처럼 반짝이는 아침을 맞이합니다. 그리고 얼마 지나지 않아 하늘은 분홍빛, 주황빛, 보랏빛으로 물들고, 그 색들이 고요한 호수에 비쳐 신비로운 분위기를 자아내는 저녁을 마주합니다.

어린 시절부터 이 신비한 호수에 나간 아버지가 돌아올 때면 어김없이 잔치가 벌어졌습니다.

나는 아버지가 잡은 물고기가 곧 돈이요, 우리 가정의 풍성한 음식이 된다는 것을 어려서부터 직감했습니다.

청소년기에 접어들자 또래 친구들이 바다로 아르바이트를 나갔습니다. 그리고 잡은 물고기를 돈으로 바꿔 진기한 물건을 소유했습니다. 그런 모습을 보면 나도 가지고 싶다는 부러운 마음이 들었습니다.

나도 아버지를 따라나섰습니다. 그리고 처음으로 돈과 소유의 즐거움을 경험했습니다.

청년이 되면서 본격적으로 풀타임으로 뛰었습니다. 더 많은 돈의 필요와 미래에 대한 불확실성이 더 큰 열심과 수고를 요구했습니다. 고통스러웠지만, 대가로 주어진 더 많은 돈이 주는 즐거움을 잊을 수 없었습니다.

그때 선주를 보았습니다. 수고한 나보다 더 많은 돈을 버는 선주. 그날 새로운 꿈이 생겼습니다. 더 열심히 일해서 더 많은 돈을 벌어 작은 배 한 척이라도 사야겠다는 소박한 꿈.

그 꿈은 더 큰 희생과 더 많은 수고로 나를 이끌었습니다. 그리고 결국 작은 배를 장만하게 되었습니다. 성취의 순간을 잊을 수가 없습니다. 큰 기쁨을 느끼며 열심히 일했습니다.

그런데 어찌된 일인지 기쁨과 만족이 오래가지 않았습니다. 주변에 더 큰 배를 가진 선주들이 보이기 시작했습니다. 더 열심히 일해서 더 큰 배를 사야겠다고 결심하고 하루하루 열심을 다했습니다.

그 결과, 더 큰 배를 가지게 되었습니다. 엄청난 성공이라 여기며 큰 기쁨을 누렸습니다.

그런데 웬걸, 거기가 끝이 아니었습니다. 더 크고 많은 배를 소유한 선주들이 눈에 들어오기 시작했습니다.

어디까지 가야 만족하며, 얼마만큼 소유해야 멈출 수 있을까요?

'더 크고 더 많은 배를 소유하면 끝날까?'

'해변에 지어진 아름다운 별장만 더 있으면 행복할까?'

이런 생각을 하고 있던 그때, 예수님이 찾아오셨습니다. 나와 친구들, 우리를 찾아오신 것입니다. 그리고 한 번도 생각지 못한 사람에 관한 이야기, 영혼에 관한 말씀을 하셨습니다. 사람과 영혼의 가치에 대해 말씀하신 것입니다.

천하보다 귀한 영혼에 관한 이야기에 우리는 완전히 뒤집어졌습니다.

사람을 살리고 영혼을 구하는 어부가 되게 하시겠다는 초청에 우리는 모든 것을 버리고 따라나섰습니다.

제자들을 찾아오신 예수님의 이야기가 어느 날 나에게 레마(rhema)로 다가왔다. 예수님은 성경 말씀으로, 세상에서 성공하고 부유하게 살고 싶던 나를 만나 주셨다. 목사로서 더 좋은 조건의 교회, 더 많은 사례비를 주고 더 충성된 성도가 많은 더 큰 교회를 꿈꾸던 나를 만나 주셨다. 그리고 말씀하셨다.

"사람 구하고 영혼 살리는 더 큰 가치를 위해 나와 함께 갈래?"

이 예수님의 초대가 나의 인생을 송두리째 바꿨다. 그리고 나의 이야기(my story)를 써 나가게 하셨다.

> 말씀하시되 나를 따라오라 내가 너희를 사람을 낚는 어부가 되게 하리라 하시니(마 4:19).

어짜스까, 한의원이 아니어라!

> 너희는 여호와를 만날 만한 때에 찾으라 가까이 계실 때에 그를 부르라 악인은 그의 길을, 불의한 자는 그의 생각을 버리고 여호

와께로 돌아오라 그리하면 그가 긍휼히 여기시리라 우리 하나님께로 돌아오라 그가 너그럽게 용서하시리라 이는 내 생각이 너희의 생각과 다르며 내 길은 너희의 길과 다름이니라 여호와의 말씀이니라 이는 하늘이 땅보다 높음같이 내 길은 너희의 길보다 높으며 내 생각은 너희의 생각보다 높음이니라 이는 비와 눈이 하늘로부터 내려서 그리로 되돌아가지 아니하고 땅을 적셔서 소출이 나게 하며 싹이 나게 하여 파종하는 자에게는 종자를 주며 먹는 자에게는 양식을 줌과 같이 내 입에서 나가는 말도 이와 같이 헛되이 내게로 되돌아오지 아니하고 나의 기뻐하는 뜻을 이루며 내가 보낸 일에 형통함이니라(사 55:6-11).

나는 사역자의 길을 걷기로 결단하고 결국 신학교(구 Golden Gate Baptist Theological Seminary, 현 Gateway Seminary)에 입학했다. 가난한 신학생의 삶이 시작된 것이다.

주말만 사역하는 파트타임 전도사의 입장에서 학업을 이유로 생계를 위한 일을 하지 않을 수 없었다. 다행히 동역하던 한 사역자로부터 일자리를 소개받았다. 일하게 될 곳이 한의원이라고 했다.

나는 한국에서도 한의원을 거의 다녀 보지 않았고 보약은 먹어 본 기억이 없었다. 그렇지만 당장 먹고살 일을 생각하면 이것저것 가릴 처지가 아니었기에 가겠다고 했다.

면접을 보기 위해 그가 알려 준 주소로 나섰다. 주차를 하고서 한의원을 찾기 시작했다. 보이질 않았다. 한참을 둘러보고서야 한의원이 없음을 확신하게 되었다. 소개해 준 분에게 연락을 했다. 알려 준 주소에 도착했으나 한의원이 없다고 말했다. 그도 당황해하며 다시 알아보고 알려 주겠다고 했다.

얼마 지나지 않아 다시 연락이 왔다. 한의원이 아니라, 전국의 한의원과 한의사가 필요로 하는 다양한 물품을 공급하는 회사에서 인력을 원하는 것이었다. 형편이 형편이니 어디든 상관이 없었다. 그래서 면접을 보면서 일할 수 있다고 말했다. 다행히 일할 수 있게 되었다.

이것이 내 인생에서 한의약 업계와의 첫 만남이었다. 이 일이 나의 신앙 여정에 한 획을 긋게 되리란 것을 그때는 전혀 눈치채지 못했다.

한의약 물품을 수입하고 도매로 판매하는 회사에서 일하기 시작했을 때 모든 것이 쉽지 않았다. 평소 침을 맞아 본 경험도, 보약을 먹어 본 경험도 없었던 나에게 한의약 업계는 모든 게 새롭고 생소했기 때문이다. 더군다나 영어와 한국어로 모든 물품의 이름과 기능과 장단점과 가격 등등의 내용을 숙지해야 하니 골치가 꽤 아팠다.

이 당시 하나님께 얼마나 많은 불평불만을 쏟아 냈는지 모른다. 함께 공부하던 다른 전도사들은 수업을 마치고 삼삼오오 패스트푸드점이나 카페로 갔다. 커피를 마시거나 간식을 먹으며 수업 내용이나 신학 혹은 목회에 대하여 이야기를 나눴다.

이처럼 그들이 신학도 본연의 모습으로 미래를 준비하는 것이 멋져 보였는데, 반면에 점심도 먹지 못한 상황에서 회사에 출근하는 내 모습을 생각하면 스스로 적지 않은 슬픔을 느꼈다.

나는 출근을 하면, 다른 직원들의 점심시간에 오는 전화를 받거나 회사에 방문하는 한의사 손님들을 상대해야 했다. 점심을 먹지 못한 나로서는 식탁에서 나는 맛있는 한식 냄새에 더 큰 불평불만이 생길 수밖에 없었다. 이런 기분이 새롭게 시작한 파트타임 일을 하면서 느끼는 불편한 감정이었다.

회사에서 받은 오리엔테이션은 모든 것이 새로웠다. 한의약을 조금은 이해해야 판매하는 제품을 설명할 수 있기에, 한의약과 제품을 익히는 과정이 반복되었다. 침, 뜸, 부항, 탕약 등등에 대해 알게 되었다. 그래도 전혀 싫지는 않았던 이유는 한의약이 건강에 도움이 되는 분야라 관심과 흥미가 계속 생겼기 때문이다.

어쨌든 한의원인 줄 알고 찾아갔던 것이 한의약 업계에 발을 들이게 된 첫걸음이었다. 이 걸음이 지금 수많은 교회공동체와 성도, 더 나아가 수많은 태신자에게 하나님의 사랑을 나눌 수 있는 무궁무진한 기회가 될 줄 그때는 꿈에도 알지 못했다.

당시 나의 생각과 계획은 하나님의 길과 너무나 달랐지만, 하나님의 생각과 계획은 나로 하여금 사람을 살리고 영혼을 구하는 길로 걷게 하셨음을 고백한다.

> 이는 내 생각이 너희의 생각과 다르며 내 길은 너희의 길과 다름이니라 여호와의 말씀이니라(사 55:8).

아따 복잡해븐다잉!

> 요셉이 이끌려 애굽에 내려가매 바로의 신하 친위대장 애굽 사람 보디발이 그를 그리로 데려간 이스마엘 사람의 손에서 요셉을 사니라 여호와께서 요셉과 함께하시므로 그가 형통한 자가 되어 그의 주인 애굽 사람의 집에 있으니 그의 주인이 여호와께서 그와 함께하심을 보며 또 여호와께서 그의 범사에 형통하게 하심을 보았더라 요셉이 그의 주인에게 은혜를 입어 섬기매 그가 요셉을 가정 총무로 삼고 자기의 소유를 다 그의 손에 위탁하니 그가 요셉에게 자기의 집과 그의 모든 소유물을 주관하게 한 때부터 여호와께서 요셉을 위하여 그 애굽 사람의 집에 복을 내리시므로 여호와의 복이 그의 집과 밭에 있는 모든 소유에 미친지라 주인이 그의 소유를 다 요셉의 손에 위탁하고 자기가 먹는 음식 외에는 간섭하지 아니하였더라 요셉은 용모가 빼어나고 아름다웠더라(창 39:1-6).

파트타임으로 한의약 업계에 들어간 나는 먹고살기 위해 열심히 배우고 일해야 했다. 다른 직장도 마찬가지이겠지만,

남의 돈을 먹기란 쉽지 않다.

목사가 되려고 신학교에 들어갔는데 공부도 쉽지가 않았다. 특히, 히브리어나 헬라어 수업 같은 경우에는 따라가기가 어려웠다. 공부할 시간을 충분히 확보해야 하는데 나는 오전 수업이 끝나면 오후에는 직장에서 일을 해야 하니, 수업을 따라가기가 만만치 않았다. 결국, 히브리어 과목에서 진짜 낙제 점수를 받는 참사(?)를 경험하기도 했다.

직장 생활의 어려움도 매한가지였다. 업무 훈련 기간 중 들은 우스갯소리가 있다. 한의약 물품 판매 회사를 방문하는 고객 가운데 가장 힘든 고객 세 부류가 있다고 한다. 3위가 한의사, 2위가 목사, 1위가 한의사이면서 동시에 목사라고 한다. 이 우스개 속에 뼈가 조금은 있는 듯하다. 일하는 동안 참 상대하기 힘든 분도 많이 만났다.

새로운 분야를 배우는 파트타임 직원 입장에서는 실수를 할 수밖에 없는 경우가 더러 있다.

물품의 종류가 얼마나 많은지 이름을 다 외울 수가 없었다. 한의원에서 보통 구비하고 있는 약재의 수만 해도 2백 가지가 넘는다. 그러니 한의원을 상대하기 위해서는 최소 수백 개 이상의 약재를 가지고 있어야 한다. 고객이 약재를 찾으면 바로바로 찾아 주어야 한다. 약재의 이름도 생소할 뿐 아니라 위치를 아는 데도 상당한 시간이 필요하다. 그러다 보니 본의 아니게 실수하는 경우가 많았다.

처음에는 하루 열두 번도 더 때려치울까 고민했다. 그러나 그럴 수가 없었다. 학비, 생활비 등을 생각하면 그럴 수가 없었다.

물론, 꼭 어렵고 힘든 일만 있었던 것은 아니다. 재미있는 일도 많았다. 배울 만한 가치 있는 일도 있었다. 특히, 건강에 관련된 업무이기에 알아서 손해 볼 게 전혀 없었다.

그렇게 시간이 흘러 신학교를 졸업했다. 사실 이 직장이 있었기에 졸업할 수 있었다. 신학교를 졸업한다고 바로 풀타임 사역이 주어지는 것은 아니다. 당시 사역하던 교회의 상황과 형편이 나를 전임 사역자로 세우기에는 어려움이 있었다.

그때 회사로부터 풀타임 제의를 받았다. 풀타임이라 하면 오전 8시 반부터 오후 5시 반까지를 의미한다. 하루의 거의 대부분을 회사에서 일하게 되었다. 일도 많아지고, 더 많은 것을 배우며, 더 많은 한의사 고객을 만나게 되었다.

어디 가나 진상(?)이 있고, 너무나 좋은 고객도 있기 마련이다. 소위 블랙 컨슈머(black consumer)를 보면서는 저렇게 살지 말자고 다짐했고, 좋은 분들을 통해서는 그분들의 성숙한 태도를 보고 배웠다.

조금만 몸 컨디션에 이상이 있으면, 회사에서 바로 침을 맞기도 하고 조제된 환약을 먹기도 했다. 각종 탕약 주문을 받고, 끓이는 탕약 기기를 판매하거나 뜸기, 부항기 등의 물품 사용법을 설명하기도 했다.

이렇게 한의약 업계 회사에서 풀타임으로 열심히 배우면서 일하다 보니 어느덧 매니저(manager)의 자리에 앉게 되는 날이 왔다. 다른 직장도 비슷하겠지만, 오래 버티고 열심히 일하다 보면 자연스럽게 인정도 받고 승진하는 날이 온다.

나도 알 만큼 알게 되었을 때, 매니저가 되었다. 일반 직원을 교육하고 지원하며, 특히 컴플레인(complaint) 하는 고객을 상대하는 일을 중점적으로 하게 되었다. 또한, 물품 대부분이 한국으로부터 들어왔기에 컨테이너 작업에 상당한 시간을 할애해야 했다.

매니저로 일하면서 지금 〈공진단 만들기 클래스〉를 위해 큰 도움을 주는 약재 전문 수입 사장님을 알게 되었다. 이 사장님은 약재 관련 사업만 30년 넘게 해 오고 있다. 한국을 비롯한 전 세계에서 필요한 약재를 수입하고 있다.

아는 분은 알겠지만, 모든 약재가 한국에서 만들어지거나 한국산이 다 최상품인 것은 아니다. 예를 들면, 흔히 계피로 불리는 육계는 우즈베키스탄 제품이 가장 잘 알려져 있다. 우리가 잘 아는 녹용만 해도 그렇다. 러시아산이나 뉴질랜드산이 유명하다.

상황이 이렇기 때문에 약재를 전문으로 수입한 경력이나 경험이 없으면 좋은 약재를 구하는 것은 거의 불가능하다. 이 약재 사장님과의 오래된 친분이 현재 〈공진단 만들기 클래스〉에 엄청난 도움이 되고 있다.

하루아침에 이루어지는 일은 없다!

"천 리 길도 한 걸음부터"라는 말처럼 나는 생각지도 못했던 직장과 업계에서 바닥부터 시작하여 시간과 경험을 통해 현재 여기까지 오게 되었다. 이 모든 것이 나를 향한 하나님의 계획이었고, 과거의 시간이 현재 사람을 살리고 영혼을 구원하기 위한 〈공진단 만들기 클래스〉의 초석이 되었다.

02

아따, 들어는 봤소잉 '공진단'?
Have you ever heard about Gongjindan?

🌏 한의(Korean medicine)는 사랑이어라!

예루살렘에 있는 양문 곁에 히브리 말로 베데스다라 하는 못이 있는데 거기 행각 다섯이 있고 그 안에 많은 병자, 맹인, 다리 저는 사람, 혈기 마른 사람들이 누워 물의 움직임을 기다리니 이는 천사가 가끔 못에 내려와 물을 움직이게 하는데 움직인 후에 먼저 들어가는 자는 어떤 병에 걸렸든지 낫게 됨이러라 거기 서른여덟 해 된 병자가 있더라 예수께서 그 누운 것을 보시고 병이

> 벌써 오래된 줄 아시고 이르시되 네가 낫고자 하느냐 병자가 대답하되 주여 물이 움직일 때에 나를 못에 넣어 주는 사람이 없어 내가 가는 동안에 다른 사람이 먼저 내려가나이다 예수께서 이르시되 일어나 네 자리를 들고 걸어가라 하시니(요 5:2-8).

생각지도 못했던 한의약 업계와의 만남이 내 평생 큰 도움으로 지금까지 오리라 눈치채지 못했다. 오히려 남들처럼 학업과 사역에 집중하지 못하는 내 형편을 탓하고 있었으니 얼마나 어리석은 존재인가 반문하지 않을 수 없다. 참 미련했고 어리석었다.

그런데 이런 미련한 나로부터 가장 큰 도움을 받은 존재가 있었으니, 바로 아들이다. 당시 아들은 축구 선수로 엘리트 코스를 걷고 있었다. 한의술의 여러 치료법과 도구, 회복을 위한 의료 행위와 용품들은 누구보다 아들에게 너무나 큰 도움이 되었다.

축구 선수였던 아들에게 부상은 남의 이야기가 아니었다. 여러 번 발목을 다치는 일이 발생했다. 그때마다 침보다 더 좋은 치료법을 발견하지 못했다. 발목이나 무릎이 조금이라도 좋지 않다고 하면 수시로 한의원을 찾았다. 내가 발을 들여놓기 전에는 전혀 알지 못했던 한의술에 눈을 뜨게 되면서 많은 한의사 선생님과 친분을 맺게 되었는데, 감사하게도 그분들 대부분이 저렴한 가격으로 아들을 치료해 주셨다. 그렇게 아들의 경기력 유지와 치료에 많은 도움을 받았다.

그뿐 아니었다. 운동선수인 아들에게 보약은 말할 나위 없이 좋았다. 아들은 1년에 적어도 네 번 정도 보약을 먹었다. 물론, 보약의 종류는 너무나 다양했다. 십전대보탕이나 녹용대보탕은 기본 중의 기본이었고, 때로는 체질과 상태에 맞게 진맥을 통한 보약을 먹기도 했다.

한의술은 꼭 아들과 같은 운동선수에게만 도움이 되는 분야가 아니다. 간호사인 아내도 한동안 만성피로로 컨디션이 말이 아니었다. 가까운 한의사 선생님의 도움으로 진맥을 통한 보약을 지어 먹고 큰 도움을 받았다.

결정적으로 나의 목회에서 한의약은 많은 성도에게 큰 사랑을 실천하는 도구가 되었다. 나는 소위 '보약 목회'를 통해 성도들에게 도움을 드렸다.

성도들 가운데 몸이 불편하거나 어려움이 있는 분에게 보약보다 더 좋은 선물이 없음을 경험한다. 특히, 젊은 성도 가정에 출산이 있을 때 산모의 어혈을 빼는 보약과 몸을 보하는 보약 세트는 정말이지 큰 선물이고 도움이 된다. 나는 여러 번 이 보약을 통해 많은 분에게 도움을 드렸다. 이처럼 나에게 한의약은 많은 사람에게 나눌 수 있는 사랑이요, 사랑의 구체적인 방법이 되었다.

목회의 현장, 교회공동체 그리고 세상에는 여러 종류의 병으로 고통당하는 자들이 존재한다. 마음이 아픈 것뿐만 아니라, 육신의 고통으로 힘든 분이 너무나 많다.

이들에게 필요한 것은 베데스다에서 병자가 받은 것과 같은 복음이요, 사랑이다. 낫고자 하나 나을 방법을 알지 못하는 이들에게 복음과 한의약은 사랑이다. 감히 한의약을 복음과 함께 거론하는 것이 불편한 사람도 있겠으나 건강을 잃어버린 사람들, 육신의 질병이 있는 사람들에게 치유는 복음이기에 표현이 과하다면 넉넉한 이해를 부탁드린다.

아무튼, 한의술의 근본 정신은 아픈 사람을 불쌍히 여기는 마음이요, 한의사는 아픈 사람을 치료하는 것을 본업으로 여긴다. 치료는 사랑의 마음이 근본이 된다. 사랑이 결여된 치료는 오래가지 못하는 법이다. 드러난 증상뿐만 아니라, 상처 난 사람의 마음까지 볼 수 있는 것이 바로 사랑의 마음이다.

하나님께서는 이 같은 사랑이 동반된 치유 사역이 한의약과 함께 펼쳐지도록 나를 인도하셨다.

P. T. H.

제구시 기도시간에 베드로와 요한이 성전에 올라갈새 나면서 못 걷게 된 이를 사람들이 메고 오니 이는 성전에 들어가는 사람들에게 구걸하기 위하여 날마다 미문이라는 성전 문에 두는 자라 그가 베드로와 요한이 성전에 들어가려 함을 보고 구걸하거늘 베드로가 요한과 더불어 주목하여 이르되 우리를 보라 하니 그가 그들에게서 무엇을 얻을까 하여 바라보거늘 베드로가 이르되 은과 금은 내게 없거니와 내게 있는 이것을 네게 주노니 나사렛 예수 그리스도의 이름으로 일어나 걸으라 하고 오른손을 잡아 일으키니 발과 발목이 곧 힘을 얻고 뛰어 서서 걸으며 그들과 함께 성전으로 들어가면서 걷기도 하고 뛰기도 하며 하나님을 찬송하니 모든 백성이 그 걷는 것과 하나님을 찬송함을 보고 그가 본래 성전 미문에 앉아 구걸하던 사람인 줄 알고 그에게 일어난 일로 인하여 심히 놀랍게 여기며 놀라니라(행 3:1-10).

예수님의 사역은 크게 세 가지로 구분해 정리할 수 있다. 전하시고(preaching) 가르치시고(teaching) 고치시는(healing) 사역이었다.

목회하면서 예수님처럼 사역하고 싶다는 생각을 많이 한다. 예수님처럼 기도하고 예수님처럼 살다 가고 싶은 것은 목회자나 성도 대부분의 소원일 것이다. 예수님처럼 천국 복음을 설교하고, 하나님과 성경을 가르치며, 가난하고 병든 자들을 회복시킬 수만 있다면 누구보다 행복한 인생이 아닐까 생각한다.

어찌 보면 예수님의 사역 중 전하고 가르치는 사역은 목회자 대부분이 현실의 삶 속에서 감당할 수 있는 것이 아닐까 생각한다. 문제는 치유 사역이다. 육신을 치유하는 일은 소위 신유의 은사를 가진 분들이 감당하는 특별한 분야가 아닐 수 없다. 그래서 많은 목회자 가운데 신유의 은사가 없는 분들은 육신을 치유하는 일은 엄두를 내지 못한다. 나도 그런 목회자 가운데 포함된다.

무슨 특별한 재주가 이 평범하고 어리바리한 나에게 있겠는가?

지극히 평범하고 재주 없는 나에게 한의약은 예수님의 사역을 조금이나마 흉내 낼 수 있는 귀한 도구가 되어 주었다.

특히나 요즘 같은 세대에는 건강이 얼마나 중요한 키워드인가?

코비드와 같은 질병으로 수많은 사람이 목숨을 잃었고, 일상에서 불편과 고통을 경험해야 했다. 인구는 점점 더 노령화되어 가고, 그럴수록 사람들에게 '건강'이라는 이슈는 남의 이야기가 아닌 나의 이야기이며 현실 세상에 가까이 다가와 있는 것이다.

이런 세대에 예수님이 오셨다면 그분의 치유 사역은 빛을 발할 뿐 아니라, 엄청난 파워로 알려지게 되었을 터이다. 이런 측면에서 한의약이라는 힐링의 도구를 알게 된 것은 전적으로 하나님의 은혜요, 영혼 구원의 대업을 위한 선물이라 확신한다.

이 큰 은혜와 선물을 받은 이유는 분명 가장 큰 가치인 영혼을 살리기 위해서라고 믿는다. 하나님의 사랑과 은혜가 이 한의약이라는 치유의 도구 속에 고스란히 녹아 많은 이에게 전해지기를 바라며 기도한다.

베드로의 고백처럼 내게 돈이나 세상적인 능력이 없다 할지라도 내게 주신 한의약이라는 사랑으로 사람을 살리고 일으켜 세울 수 있기를 간절히 소망한다.

> 베드로가 이르되 은과 금은 내게 없거니와 내게 있는 이것을 네게 주노니 나사렛 예수 그리스도의 이름으로 일어나 걸으라 하고 (행 3:6).

공진단이어라!

예수께서 길을 가실 때에 날 때부터 맹인 된 사람을 보신지라 제자들이 물어 이르되 랍비여 이 사람이 맹인으로 난 것이 누구의 죄로 인함이니이까 자기니이까 그의 부모니이까 예수께서 대답하시되 이 사람이나 그 부모의 죄로 인한 것이 아니라 그에게서 하나님이 하시는 일을 나타내고자 하심이라 때가 아직 낮이매 나를 보내신 이의 일을 우리가 하여야 하리라 밤이 오리니 그때는 아무도 일할 수 없느니라 내가 세상에 있는 동안에는 세상의 빛이로라 이 말씀을 하시고 땅에 침을 뱉어 진흙을 이겨 그의 눈에 바르시고 이르시되 실로암 못에 가서 씻으라 하시니 (실로암은 번역하면 보냄을 받았다는 뜻이라) 이에 가서 씻고 밝은 눈으로 왔더라(요 9:1-7).

한의약 업계에 발을 들이고 경험한 여러 보약 덕분에 개인적으로, 또 목회적으로 너무나 큰 유익을 누리게 되었다. 그중에서도 '공진단'은 단연 최고 중의 최고라 말할 수 있겠다.

내가 몸담았던 한의약 회사는 공진단에 필요한 약재를 판매할 뿐 아니라, 실제 공진단을 제조해 전국(미주)의 한의원에 공급하고 있다.

공진단은 사실 일반 사람이 구매하기에는 너무나 고가의 보약이다 보니 많은 사람이 들어 보긴 했으나 먹어 본 사람은 소수다. 이런 사실은 비단 미국뿐 아니라 한국도 크게 다르지 않은 것으로 알고 있다. 많은 사람이 좋다는 것은 알지만 실제로는 먹어 보지 못했다.

나는 이런 귀한 보약인 공진단을 교회 성도들에게 선물하고 싶었다. 그러나 가격이 비싸도 너무 비싸 엄두를 내지 못했다.

그런데 우연히 공진단을 만들어 볼 기회가 찾아왔다. 나 같은 일반인이 이런 고가의 보약을 만든다는 것은 한 번도 상상해 보지 못했는데, 한국에서부터 약재만 30년 넘게 취급하신 약재 수입 회사 사장님을 통해 공진단을 제조해 볼 수 있는 기회를 얻었다.

물론, 이때까지만 해도 이 공진단 제조가 〈FISH 전도법〉의 교회공동체 전도를 위한 실전 프로그램이 되리라곤 꿈에도 생각지 못했다.

아무튼, 마치 예수님이 맹인의 눈을 뜨게 하시기 위해 침을 뱉어 진흙을 이기듯이 공진단을 빚게 되었고, 내가 빚는 공진단을 통해 치유가 일어나기를 간절한 마음으로 기도했다. 물론, 공진단에 침을 뱉어 만들었다는 것은 절대 아니다. 이렇게 공진단은 영혼 구원에 목마른 나를 찾아와 주었다.

공진단에 대해서는 인터넷에 검색해 보면 너무나 자세한 내용을 찾을 수 있다. 공진단은 우리의 상상 그 이상으로 오래된 보약이다. 그 오랜 시간 동안 셀 수도 없는 많은 사람에게 실제 큰 도움을 주었거나 혹은 그 이상의 치유를 제공한 검증된 보약이다.

역사적으로 이 공진단은 중국의 황실이나 특정 위치에 있는 사람에게 제공된 보약이기에 그 효력에 대해서 의심하기 힘들다.

중국에서 시작된 공진단이 조선 시대 우리나라에 들어왔으나 일반인이 접하기 어려웠던 이유는 너무 진귀한 것이기 때문이다.

중국이든 한국이든 왕궁에 사는 사람만을 위한 보약이었으니 이보다 더 좋고 고급인 보약이 있을까?

일반 평민이 쉽게 먹던 보약은 따로 있었다. 오늘날에는 평민과 왕족을 가려 따로 보약을 처방하지는 않지만, 공진단만 놓고 보면 일반인이 쉽게 접근하기에는 너무나 비싼 고급 보약인 것이 분명하다.

나도 이 〈공진단 만들기 클래스〉 사역을 하면서도 공진단을 먹어 보기가 좀처럼 쉽지 않다. 공진단의 재료가 되는 약재 하나하나가 가격이 비싸다 보니 자주 먹지 못하는 것에는 별수가 없다.

그렇지만 사역을 위해 먹어 본 공진단의 효능은 이루 말할 수 없이 많았다. 내가 경험한 효능 때문에 공진단을 더욱더 사랑하게 되었고, 이 〈공진단 만들기 클래스〉를 더 많은 교회공동체와 사람들과 나누고자 하는 열정으로 불타오르게 되었다.

내가 다른 주(州)에 이 〈공진단 만들기 클래스〉 사역을 가게 되면 현지의 한의원을 꼭 방문한다. 현지의 공진단 시세를 확인하기 위해서다. 현지의 시세를 알아야 클래스에 참여한 참가자들이 클래스를 통해 큰 사랑을 받는 것을 실감할 수 있기 때문이다.

현재 미국에서 한의원을 통해 판매되는 공진단의 가격은 대략 한 알에 70달러 수준이다. 참으로 고가가 아닐 수 없다.

나조차 이 사역을 하면서도 공진단을 거의 먹어 볼 수 없었다. 그렇게 〈공진단 만들기 클래스〉를 통해 많이 만들었지만,

먹은 적은 사실 얼마 되지 않는다. 먹게 된 계기도 클래스를 진행하는 내가 먹어 보지도, 그 효능을 경험하지도 않고 어떻게 설명하겠는가 하는 자문 때문이었다.

처음에는 공진단 각각의 재료를 반죽하고 남은 반죽 그릇에 물을 부어 마셨다. 공짜라면 양잿물이라도 마신다는 말이 있다. 내가 그랬다. 그렇게라도 마시니 좋았다.

반죽을 끝내고 나면 장갑에 공진단 반죽이 묻어 있다. 보는 사람은 내 모습이 좀 그랬을 수도 있겠지만, 그 반죽을 남김없이 핥아 먹었다. 더 좋았다.

요즘에는 가끔 〈공진단 만들기 클래스〉를 통해 만들고 남은 것을 먹는다. 특히나 나튼 주에서 사역을 시작하기 전에는 꼭 챙겨 먹으려고 한다. 먹어야 힘이 나고, 먹어야 그 힘든 며칠간의 사역을 감당할 수 있기 때문이다.

사역을 하다 보면 공진단이 아무 효력이 없다고 하는 분을 가끔 만나게 된다. 그러면 질문한다.

"몇 개나 드셔 보셨어요?"

대답이 시원찮다. 몇 개 안 먹어 본 것이다. 한 두어 개 먹어 봤는데, 별 효과를 못 봤다고 한다.

일반적으로 한의원을 방문하여 공진단에 대해 문의하면 한의사가 대개 한 달치를 권한다. 탕약도 비슷하다. 한 달치 정도는 복용해야 몸의 상태가 변한다. 공진단 한 알 먹고 살아날 것 같으면 공진단이 만병통치약일 것이다.

몸을 보호하고 회복하기 위해서는 많은 노력이 필요하다. 공진단도 꾸준히 먹으면 먹을수록 그 효능을 경험하게 된다.

물론, 공진단 한두 알에도 효과를 본 분도 적지 않다. 그렇지만 사람마다 개인차가 있다. 건강에 좋은 보약은 계속 먹는 것이 좋다.

🌑 암시롱 뭐 땜시 물어보것능가?

여호와의 말씀이 엘리야에게 임하여 이르시되 너는 일어나 시돈에 속한 사르밧으로 가서 거기 머물라 내가 그곳 과부에게 명령하여 네게 음식을 주게 하였느니라 그가 일어나 사르밧으로 가서 성문에 이를 때에 한 과부가 그곳에서 나뭇가지를 줍는지라 이에 불러 이르되 청하건대 그릇에 물을 조금 가져다가 내가 마시게 하라 그가 가지러 갈 때에 엘리야가 그를 불러 이르되 청하건대 네 손의 떡 한 조각을 내게로 가져오라 그가 이르되 당신의 하나님 여호와께서 살아 계심을 두고 맹세하노니 나는 떡이 없고 다만 통에 가루 한 움큼과 병에 기름 조금뿐이라 내가 나뭇가지 둘을 주워다가 나와 내 아들을 위하여 음식을 만들어 먹고 그 후에는 죽으리라 엘리야가 그에게 이르되 두려워하지 말고 가서 네 말대로 하려니와 먼저 그것으로 나를 위하여 작은 떡 한 개를 만들어 내게로 가져오고 그 후에 너와 네 아들을 위하여 만들라 이스라엘의 하나님 여호와의 말씀이 나 여호와가 비를 지면에 내리는 날까지 그 통의 가루가 떨어지지 아니하고 그 병의 기름이 없어지지 아니하리라 하셨느니라 그가 가서 엘리야의 말대로 하였더니 그와 엘리야와 그의 식구가 여러 날 먹었으나 여호와께서 엘리야를 통하여 하신 말씀같이 통의 가루가 떨어지지 아니하고 병의 기름이 없어지지 아니하니라(왕상 17:8-16).

나의 아내는 병원에서 일하는 간호사다. 개척교회 사모로서 경제적으로 많은 부분을 감당해야 한다. 그래서 사흘을 야간 근무, 이틀을 주간 근무로 일한다.

주일에 사모로 사역한 후 밤에 출근하는 일은 여간 힘든 일이 아닐 수 없다. 나는 남편으로서 늘 미안한 마음을 가질 수밖에 없다. 아내는 밤낮이 바뀐 상태로 일하다 보니 늘 피곤해했다.

그런 아내가 공진단을 먹은 지는 얼마 되지 않았다. 우리가 먼저 경험하지 않고서는 설명하지 못하기에 기회가 되면 공진단을 먹는다. 그래서 먹기 전과 먹은 후의 확연히 다른 몸 상태를 정확히 기억한다.

이 같은 공진단의 효능은 대대로 전해져 왔다. 이 공진단은 요즘에 와서 누구가 갑자기 만들어 낸 것이 아니다. 하루, 이틀 알려져 온 보약이 아니다. 사실 돈 있는 사람들의 전유물처럼 여겨질 정도로 유명하고 유명한 보약이다. 들어 보니, 한국에서는 공진단이 너무나 많이 알려져 있다고 한다.

나에게 노모가 있다. 가끔 노인정 같은 곳에 간다고 한다. 그곳에서는 또래의 노인들이 모여 담소를 나누는데, 한번은 서울 사는 딸이 보내 줬다고 공진단을 가져온 분이 있었다고 한다. 다들 부러운 눈으로 공진단을 쳐다봤다고 한다. 이런 일이 수십 년 전의 일이 아니라 오늘날 한국의 지방 도시에서 일어나는 일이다. 이처럼 공진단이 아무리 알려졌다 해도 아직 공진단을 먹기에는 경제적으로 어려운 분이 많다.

현재 나는 한국에서 〈FISH 전도법〉 세미나와 〈공진단 만들기 클래스〉를 하기 위하여 법적인 부분을 포함한 여러 가지를 검토하고 있다. 만에 하나 있을 수 있는 부분을 확인하고 공급 업체와 조율 중이다.

하나님께서 어떤 식으로든 길을 여시면 한국에 〈FISH 전도법〉 세미나와 〈공진단 만들기 클래스〉 사역이 들어갈 것이고, 꽃을 피우게 될 것이다.

이처럼 공진단의 효능은 인터넷만 뒤져도 얼마든지 알 수 있다. 그 가운데 면역 기능은 참으로 귀하고 귀히다.

요즘 한국은 또다시 코비드(코로나)가 확산되는 분위기다. 그런 감염병에 걸리면 많은 경우 호흡기에 문제가 생긴다. 기침을 포함한 호흡기 증상과 열로 인한 고통이 동반된다.

나는 그전에 알레르기가 얼마나 심했는지 모른다. 알레르기란 건 종류별로 다 가지고 사는 것 같았다. 먼지가 조금만 일어나도 기침하느라 난리가 났다. 계절이 바뀌는 것도 알레르기를 유발한다. 꽃가루가 날리는 계절이면 정말이지 견딜

수가 없었다. 이른 아침의 재채기와 콧물은 나를 사람이 아닌 괴물로 만들었다.

특히, 주일 아침 1부 예배 때는 말 그대로 노숙자 같은 얼굴이곤 했기 때문에, 휴지로 콧물과 눈물을 닦는 것은 물론 그 휴지로 내 얼굴을 가리지 않으면 안 되는 상황이었다.

그런데 공진단 덕분에 나의 알레르기 문제는 많이, 아주 많이 나아졌다. 완전히 사라졌다고 하기에는 혹시나 하는 마음이 있어 조심스럽다. 그렇지만 나 스스로가 놀라운 경험을 한 것은 사실이다.

이런 공진단의 효능을 나만 경험한 것은 아니다. 클래스를 진행하다 보면 별의별 간증을 다 듣는다. 그래서 반드시 개인차가 있다고 강조한다.

클래스에 단골처럼 자주 참여하는 어느 여자 분은 남편과 아침저녁으로 꼭 공진단을 챙겨 먹는다고 한다. 원래 이 여자 분이 흰 머리카락이 그렇게 많았다고 한다. 그런데 공진단을 꾸준히 먹으면서 자신의 흰 머리카락이 검은 머리카락으로 변했다고 한다.

다시 한번 말하지만, 개인차가 있을 수 있다. 모든 사람의 몸 상태가 다르고, 약을 받는 정도가 다르기에 속단할 수 없다. 그렇지만 클래스 현장에선 이와 비슷한 공진단의 효능을 너무나 많이 듣게 된다. 먹어 본 사람들의 간증보다 더 확실한 것이 어디 있을까 생각해 본다.

복음도 마찬가지 아니겠는가?

예수님을 처음 만나는 사람들의 반응도 천차만별이지 않나?

인생이 180도 완전히 바뀌는 사람도 있고, 천천히 성화를 경험하는 사람도 있다. 공진단도 마찬가지이다. 〈공진단 만들기 클래스〉를 하나 보면 참으로 많고 다른 간증(경험)을 듣게 된다.

내가 만나는 한 분, 한 분 그리고 클래스에 참여하는 한 분, 한 분이 마치 마지막 반죽 그릇에 담긴 떡을 먹어야 할 선지자일 수도 있다고 생각해 본다.

어쩌면 이 반죽 그릇에 담긴 떡이 나의 마지막 떡일 수도 있겠지만, 내가 먹고 죽을 나의 마지막 사역일지 모르지만, 이 한 그릇의 공진단을 통해 귀한 하나님의 사람들을 살릴 수만 있다면 기꺼이 내어놓겠다는 마음으로 사역을 펼친다!

긍께, 뭣이 중한디?

> 너희가 자랑하는 것이 옳지 아니하도다 적은 누룩이 온 덩어리에 퍼지는 것을 알지 못하느냐 너희는 누룩 없는 자인데 새 덩어리가 되기 위하여 묵은 누룩을 내버리라 우리의 유월절 양 곧 그리스도께서 희생되셨느니라 이러므로 우리가 명절을 지키되 묵은 누룩으로도 말고 악하고 악의에 찬 누룩으로도 말고 누룩이 없이 오직 순전함과 진실함의 떡으로 하자(고전 5:6-8).

〈공진단 만들기 클래스〉를 통해 만드는 공진단은 원방(original)에 따른 공진단이라 할 수 있다. 원방으로 만드는 공진단에는 총 네 가지의 약재가 들어간다. 사향, 녹용, 산수유, 당귀다. 그런데 이 약재 하나하나를 꼼꼼히 살펴볼 필요가 있다.

솔직히 나처럼 한의약 업계에 몸담아 일해 보지 않고서는 뭐가 뭔지를 알 턱이 없다. 쉽게 말해, 탕약을 구입했다고 해도 무슨 약재가 얼마나 들어갔는지 알 수 있는 길이 없다. 한국산 약재가 들어갔는지, 중국산 약재가 들어갔는지 맛으로도, 냄새로도, 색깔로도 일반인이 구분할 방법이 없다.

오직 전도를 위해 디자인된 〈공진단 만들기 클래스〉를 통해 만드는 공진단을 아무렇게나 만들 수 없다. 재료비(단가)를 낮추기 위해 값싼 약재를 사용하여 눈속임을 할 수 없다는 이야기다.

사실 약재의 종류는 어마어마하다. 내가 몸담았던 한의약 회사도 수백 가지가 넘는 약재를 취급한다. 수많은 한의사가 회사에 자주 방문해 탕약을 끓이기 위해 약재를 직접 구매해 갔다. 일반적으로 한국산 약재가 중국산 약재에 비해 많게는 다섯 배까지 비싸다. 그런데도 꼭 한국산만을 고집하여 구매하는 한의사도 있었다.

이런 상황을 잘 아는 나이기에 공진단을 만들기 위한 재료로 좋은 약재를 사용할 수밖에 없다. 어떻게 씨게 흰 빈은 한다 할지라도 결국 그런 일은 금세 드러나기 때문이다. 꼼꼼하고 정직하게 좋은 약재를 구입해 쓰고 있다.

내가 사는 미국에서는 사향이 수입 금지 품목이다. 그래서 사향을 사용할 수가 없다. 한국은 아직 사향으로 만든 공진단이 판매되는 것으로 알고 있다. 미국은 사향을 사용할 수 없기에 사향 대신에 '침향'을 사용한다. 그래서 '침향 공진단'이라고 부르기도 한다.

침향 다음으로 들어가는 약재가 우리가 잘 아는 '녹용'이다. 사실 녹용도 일반인은 잘 알지 못하지만 뿔의 부위에 따라 그 가격이 천차만별이다. 기본적으로 뿔의 아랫부분부터 윗부분으로 하대, 중대, 상대가 있고 가장 비싼 부위인 뿔이 갈라지는 '분골'이 있다. 이 분골 부위가 가장 비싸다.

녹용을 사용하는 공진단이라고 해도 비싼 부위가 사용되었는지 아닌지를 일반인은 알 수가 없다. 내가 진행하는 〈공진단 만들기 클래스〉에서는 정확히 녹용 분골을 사용하고 있다.

이런 식으로 산수유와 당귀도 선택된다. 산수유는 중국산과 한국산의 가격 차가 꽤 나는 약재다. 한국산의 가격이 대략 네다섯 배 비싸다. 그런데도 한국산을 사용하는 데에는 분명한 이유가 있다. 당귀를 가격이 저렴한 뿌리 부분이 아니라 몸통을 사용하는 것도 같은 이유에서다.

얄팍한 상술로 한 번, 두 번 눈속임을 할 수는 있겠으나 결국 탄로가 난다. 수입된 약재 중 가격이 비싸기로 소문난 GMP 공정을 받은 약재 브랜드를 사용하는 데에는 다 그만한 이유가 있다.

공진단을 하나님의 사랑과 진실함과 정직함을 담아 만들 때 여호와 라파(Rapha) 하나님의 치유가 일어나리라 믿는다. 하나님께서 역사하실 수 있도록 그저 기도하며, 최고의 약재를 선택하고 정성을 다해 공진단 한 알 한 알을 빚는다.

사랑과 진실과 정직보다 더 중요한 것이 없다. 날마다 무엇이 중요한지를 가슴으로 되새기며 귀한 사역에 임할 수 있기를 기도한다.

03

모이는 건 일도 아니제!
Gathering is nothing!

🌑 아야, 얼렁얼렁 와 부려야!

내가 또다시 해 아래에서 헛된 것을 보았도다 어떤 사람은 아들도 없고 형제도 없이 홀로 있으나 그의 모든 수고에는 끝이 없도다 또 비록 그의 눈은 부요를 족하게 여기지 아니하면서 이르기를 내가 누구를 위하여는 이같이 수고하고 나를 위하여는 행복을 누리지 못하게 하는가 하여도 이것도 헛되어 불행한 노고로다 두 사람이 한 사람보다 나음은 그들이 수고함으로 좋은 상을 얻을 것임이라 혹시 그들이 넘어지면 하나가 그 동무를 붙들어 일으키려니와 홀로 있어 넘어지고 붙들어 일으킬 자가 없는 자에게는 화가 있으리라 또 두 사람이 함께 누우면 따뜻하거니와 한 사람이면 어찌 따뜻하랴 한 사람이면 패하겠거니와 두 사람이면 맞설 수 있나니 세 겹 줄은 쉽게 끊어지지 아니하느니라 (전 4:7-12).

〈FISH 전도법〉이 성도 개개인의 전도 방법과 훈련을 제시하는 것이라면, 〈공진단 만들기 클래스〉는 교회공동체 전체가 함께 전도하는 실전 전도 프로그램이라 할 수 있다.

〈공진단 만들기 클래스〉는 〈FISH 전도법〉의 F(find)인 '사람을 찾고', I(invite)인 '사람을 초대하여 교회를 소개하고', S(sharing)인 '서로의 삶을 나누며', H(help)인 '영육의 필요를 채우는' 공동체적 전도 방법이다.

사실 전도는 성도 각자가 자기 삶 속에서 맡겨진 비그리스도인을 태신자로 품고 그에게 하나님의 사랑을 전하는 것이다. 그러나 성도들이 품고 있는 태신자들을 교회공동체로 초청하여 전도를 교회공동체의 사역으로 확장해 나가는 일은 담임목회자와 교회공동체가 감당해야 한다.

이런 이유로 〈공진단 만들기 클래스〉를 공동체적 전도 방법의 샘플로 만들게 되었다. 담임목회자는 성도들로부터 태신자들의 명단을 넘겨받아, 교회공동체를 위한 리스트(list)를 먼저 만든다. 이 명단은 모든 성도가 함께 가슴으로 품고, 영혼 구원을 위해 함께 기도해야 한다. 그리고 그들을 위해 구체적인 전도를 위한 이벤트를 준비해야 한다.

사실 전도의 현장에서 성도 한 사람, 한 사람이 영혼 구원의 사역을 감당하기에 역부족인 상황을 만날 때도 있다. 이런 경우, 함께 신앙생활하는 교회공동체로부터 넘치는 지원과 격려를 받을 수 있다.

우선 담임목회자로부터 전도를 위한 영적이고 동시에 육적인 여러 지원을 받을 수 있다. 목회자와 교회공동체의 기도 지원은 다른 무엇보다 더 확실한 영적 무기가 된다.

사탄 마귀는 영혼이 주께로 돌아오는 것을 너무나 싫어한다. 그래서 끊임없이 성도들을 괴롭힐 뿐만 아니라 교회공동체도 공격한다. 교회가 전도하지 못하게 하기 위해 얼마나 방해하는지 모른다.

이민교회도 이런 사탄 마귀의 공격으로 성도와 성도, 성도와 목회자 간에 다툼과 시기, 미움으로 하나 되지 못하는 경우를 많이 경험한다.

교회가 하나 되지 못하는데 어떻게 전도를 하겠는가?

공동체가 해야 할 일은 보지 못하고 하지 않아야 할 일을 하는데 어떻게 영혼 구원이 일어나겠는가?

교회가 기도공동체가 되고 하나가 되어야 교회의 존재 이유와 목적인 영혼 구원의 사역을 감당할 수 있다. 교회공동체가 세 겹 줄 더욱더 단단한 생명 구원의 방주가 되어야 불같은 전도공동체가 될 수 있다.

이제 공동체가 기도로 하나 되었다면, 태신자들을 만날 구체적인 날짜와 시간, 장소를 정하면 된다.

초대 교회도 성전에 있든 가정에 있든 예수님이 그리스도이심을 날마다 전파하지 않았는가?

〈공진단 만들기 클래스〉를 진행할 수 있는 탁자만 있다면 그 어디든 상관없다. 시간, 장소가 정해지면 홍보물을 만들면 된다.

나도 사실 이런 부분에 많은 능력이 없다. 그런데도 열정이 사람을 만들어 가는 것을 경험했다. 답답한 자가 우물을 판다고 이리저리 뛰다 보면 해결책이 나온다.

요즘에는 카카오톡 등 모바일 메신저라는 도구(tool)가 얼마나 좋은지 모른다. 그런 것으로 홍보물을 각 성도와 나누고, 성도들은 또 자신의 태신자들에게 그 홍보물을 전달할 수 있다.

교회공동체가 영적으로 준비되면 생각지도 못한 곳에서 반응이 오는 경우가 많다. 특히, 남가주와 같은 대도시가 아닌 중소 도시에 위치한 교회들에서 〈공진단 만들기 클래스〉를 할 때 더 큰 반응이 있음을 경험한다. 아무래도 대도시에서는 한의원이나 공진단과 같은 제품을 경험할 기회가 상대적으로 많으나 중소 도시에 거주하는 분들은 그렇지 못하기 때문이다.

시골 지역이나 한인이 많이 거주하지 않는 지역에 교회가 있다면 그 지역에 거주하는 한인을 대상으로 〈공진단 만들기 클래스〉와 같은 전도 프로그램을 홍보한다면 분명 큰 반응을 일으키게 될 것이다.

아따, 싸게 먹으부러!

하인들 가운데 하나가 나발의 아내 아비가일에게 말하여 이르되 다윗이 우리 주인에게 문안하러 광야에서 전령들을 보냈거늘 주인이 그들을 모욕하였나이다 우리가 들에 있어 그들과 상종할 동안에 그 사람들이 우리를 매우 선대하였으므로 우리가 다치거나 잃은 것이 없었으니 우리가 양을 지키는 동안에 그들이 우리와 함께 있어 밤낮 우리에게 담이 되었음이라 그런즉 이제 당신은 어떻게 할지를 알아 생각하실지니 이는 다윗이 우리 주인과 주인의 온 집을 해하기로 결정하였음이니이다 주인은 불량한 사람이라 더불어 말할 수 없나이다 하는지라 아비가일이 급히 떡 이백 덩이와 포도주 두 가죽 부대와 잡아서 요리한 양 다섯 마리와 볶은 곡식 다섯 세아와 건포도 백 송이와 무화과 뭉치 이백 개를 가져다가 나귀들에게 싣고 소년들에게 이르되 나를 앞서 가라 나는 너희 뒤에 가리라 하고 그의 남편 나발에게는 말하지 아니하니라 아비가일이 나귀를 타고 산 호젓한 곳을 따라 내려가더니 다윗과 그의 사람들이 자기에게로 마주 내려오는 것을 만나니라 다윗이 이미 말하기를 내가 이 자의 소

> 유물을 광야에서 지켜 그 모든 것을 하나도 손실이 없게 한 것이 진실로 허사라 그가 악으로 나의 선을 갚는도다 내가 그에게 속한 모든 남자 가운데 한 사람이라도 아침까지 남겨 두면 하나님은 다윗에게 벌을 내리시고 또 내리시기를 원하노라 하였더라 (삼상 25:14-22).

계속 강조하지만, 〈FISH 전도법〉의 첫 글자 F는 'Find the People'을 가리킨다. 전도를 하려면 먼저 사람이 보여야 한다. 사람이 우리의 시선에, 마음에 들어와야 전도할 수 있다. 주변에서 많은 분이 이야기한다.

"내 주변엔 교회 안 다니는 사람이 없고, 교인 아닌 사람이 없나!"

참 안타까울 뿐이다. 실제 우리 주변엔 하나님을 알지 못하는 사람이 너무나 많다. 그런데 우리 눈에만 보이질 않는다. 비단 성도들만 이런 이야기를 하는 것이 아니다.

요즘에는 목회자들도 전도에 대해 속수무책인 경우가 많다. 일상의 삶 속에서 스쳐 지나가는 수많은 사람이 누구인지 모르는 경우가 태반이다. 그러니 전도해 볼 생각은 꿈도 꾸지 못한다. 내가 다니는 교회에 사람을 데려다 앉힐 생각만으로는 사람을 찾으려야 찾을 수 없다.

예수님이 사마리아 우물가에서 여인을 만나셨다. 분명 예수님의 의도된 방문이었다. 복음이신 주님이, 이방인의 땅에도 복음이 흘러 모든 이방 족속에게도 들어갈 것임을 몸소 보이시기 위함이었다. 그런데 문제는 제자들이었다. 자기들 생각에는 사람 같지 않은 이방 여자와 대화를 나누고 계신 예수님을 보고서, 제자들은 이상히 여겼다.

'왜 저러고 계실까?'

예수님이 만나고 있는 이방 여자의 참모습이 눈에 보이질 않았던 것이다. 저 여자도 예수님의 사랑과 은혜, 복된 소식이 필요한 사람이라는 점이 그들 눈에만 보이지 않았다.

> 예수께서 이르시되 여자여 내 말을 믿으라 이 산에서도 말고 예루살렘에서도 말고 너희가 아버지께 예배할 때가 이르리라 너희는 알지 못하는 것을 예배하고 우리는 아는 것을 예배하노니 이는 구원이 유대인에게서 남이라 아버지께 참되게 예배하는 자들은 영과 진리로 예배할 때가 오나니 곧 이때라 아버지께

서는 자기에게 이렇게 예배하는 자들을 찾으시느니라 하나님은 영이시니 예배하는 자가 영과 진리로 예배할지니라 여자가 이르되 메시야 곧 그리스도라 하는 이가 오실 줄을 내가 아노니 그가 오시면 모든 것을 우리에게 알려 주시리이다 예수께서 이르시되 네게 말하는 내가 그라 하시니라 이때에 제자들이 돌아와서 예수께서 여자와 말씀하시는 것을 이상히 여겼으나 무엇을 구하시나이까 어찌하여 그와 말씀하시나이까 묻는 자가 없더라 여자가 물동이를 버려두고 동네로 들어가서 사람들에게 이르되 내가 행한 모든 일을 내게 말한 사람을 와서 보라 이는 그리스도가 아니냐 하니 그들이 동네에서 나와 예수께로 오더라 (요 4:21-30).

사람을 보지 못한 제자들과 다르게, 예수님을 메시아로 알아본 이 사마리아 여자의 반응이 어땠는가?

그녀는 두 가지 놀라운 행동을 했다.

첫째, 물동이를 버렸다.
둘째, 사람을 찾아 만나기 시작했다.

예수님을 제대로 만나면 사람이 보이게 된다. 예수님이 나에게 메시아면 메시아가 필요한 사람이 보이게 된다. 예수님의 제자들도 메시아이신 예수님을 만났다. 사람을 살리고 영혼을 구원하는 일에 초청을 받았다. 그들은 그들의 배, 그물, 심지어 부모를 버리고 예수님을 따라 사람을 찾아 만났다.

그랬던 그들 눈에 더 이상 사람이 보이질 않는 이 아이러니(irony)를 어떻게 설명할 수 있을까?

그들의 눈에는 예배와 복음에 목마른 사마리아 여인은 보이질 않았지만 자신들이 앉아야 할 예수님의 오른편, 왼편의 화려한 자리는 보였다. 예수님을 믿고 따르기만 하면 주어질 것 같았던 달콤한 자리에 대한 욕망이 그들의 눈을 가리고, 보고 싶은 것만 보게 했다.

그들 눈에 살려야 할 사람들은 보이지 않았지만 화려한 예루살렘 성전은 보였다. 화려한 성전이 허락할 기득권의 편리, 편안 그리고 그 이상의 가슴 뿌듯함이 그들의 눈을 가렸기 때문이다. "너희 눈을 들어 밭을 보라 희어져 추수하게 되었도다"(요 4:35)라는 예수님의 말씀에 입에 들어갈 떡 덩이를 생각하는 제자들 눈에는 희어진 들판의 영혼들이 보이질 않았다.

목회자, 장로, 권사, 집사, 성도로 살고 있는 우리 눈에는 사람이 보이는가?

살려야 할 태신자들, 영혼 구원을 위해 특별히 대우해야 할 VIP들의 이름이 우리 가슴에 있는가?

다윗을 알아보지 못한 나발은 자신의 어리석음을 결코 이해하지 못했다. 아무 생각이란 게 없었다.

만약 아내인 아비가일이 자신의 목숨 값으로 양을 잡고, 곡식을 볶고, 과일을 준비하는 것을 나발이 알았다면 난리를 쳤을 것 같다. 아마 집안이 시끄러울 만큼 다 둘러엎었을 수도 있겠다. 본인 뱃속으론 들어가도 남에겐 좋은 거 절대 내놓지 않으려고 몸부림을 쳤을지도 모른다.

〈FISH 전도법〉을 통한 〈공진단 만들기 클래스〉를 하다 보면 많이 듣는 부정적인 이야기가 있다.

"공진단 클래스에 모이는 사람들이 복음이나 하나님께 관심이 있어 올 리 없지. 그저 값싸게 공진단 얻어먹으려고 오지."

"그 클래스 온다고 다 교회 오나!"

"그러니 공진단 가격 더 올려서 비싸게 팔아 이윤이나 남겨!"

참으로 가슴 아픈 소리다.

예수님이 이 땅에 오셔서 병든 자들을 치유하실 때, 조건을 붙이지 않으셨다. 그저 긍휼히, 불쌍히 여기셔서 고쳐 주셨다. 고쳐 주면 나를 따라올 건지 아닌지 조건을 내세우지 않으셨다.

예수님도 말하지 않은 조건을 어찌 목사 나부랭이가 내걸겠는가!

〈공진단 만들기 클래스〉에 나오는 분들에게 다른 조건을 붙일 수 없다. 태신자들이 교회에 등록하여 다시 나오기를 바라고 소원하지만, 그것이 조건이 될 수 없다. 교회에 사람을 모으기 위해 클래스 참가자를 조건부로 뽑을 순 결코 없다. 가장 효과적인 방법은 성도들 각자가 평소 가슴에 품고 있던 태신자를 클래스로 초대하는 것이다.

사실 그냥 말로 해서는 요즘 태신자들을 교회로 모으기가 얼마나 힘든지 아는 사람은 다 알고 있다. 그래서 〈FISH 전도법〉에서 고안해 낸 것이 있는데 바로 공진단 다섯 환 선물 패키지이다. 참 예쁘고 고급스러운 케이스에 공진단 다섯 알을 담아 평소 품고 기도하던 태신자에게 선물하면 된다.

"내가 먹어 봤는데 너무 좋더라!"

"당신 생각나서 선물한다!"

이렇게 친절하게 말하면서 선물 가방에 든 공진단을 드리는 것이다. 이 패키지가 참으로 효과적이다. 이 선물을 받은 태신자들은 다른 어떤 선물을 받을 때보다 큰 감동을 받는다고 한다.

'나를 이 정도로 생각하고 있나?'

이런 생각이 든다고 한다. 비록 전하는 사람의 물질이 지출되지만 한 영혼이 천하보다 귀하다는 것을 진실로 믿는다면 결코 아깝지 않은 선물이 된다. 사람을 살리는 일이 이런 것이다.

만약 아비가일이 자기 남편이 한 일을 눈감아 버렸거나 혹은 양을 잡고, 곡식을 볶고, 과일을 준비하는 수고와 비용이 아까워 아무 일도 하지 않았다면 아마 그들의 가정은 씨도 남지 않고 역사 속으로 사라졌을 수도 있었다.

〈공진단 만들기 클래스〉에 초대하려는 우리의 태신자들이 교회에 대해 관심이 있든 없든, 그저 공진단 싸게 먹으려고 오든 말든, 공진단과 함께 복음이 그들의 마음에 들어가길 기대하며 기도하는 마음으로 초대하면 된다.

많은 분이 〈공진단 만들기 클래스〉를 통해 자신의 태신자들을 위해서 공진단을 따로 구매한다. 얼마나 귀하고 귀한지 모른다. 자기 먹기도 아깝고 경제적으로 버거울 수도 있을 텐데 살리고 구해야 할 다른 사람들을 생각하며 귀한 물질을 사용하는 것을 보는 것은 클래스를 운영하는 나의 특권 중의 특권이다.

이유를 막론하고, 우리가 살려야 할 영혼에게 복음의 초대장을 전하자!

사실 〈공진단 만들기 클래스〉 사역을 시작하면서 세 부류의 사람을 효과적으로 섬기고 돕고자 하는 마음이 많았다. 처음부터 영혼 구원과 전도 운동에 꼭 필요한 세 부류를 특정하고 그들을 돕기 위해 이 클래스를 디자인했다.

첫째, 담임목사님들과 사모님들이다.

공동체적으로 전도 운동을 펼치는 데에는 담임목사 가정이 가장 중요한 역할을 담당한다. 이들이 건강해야 전도도 가능해진다. 성도들을 교육, 훈련하고 태신자들을 섬기는 일에는 이들의 헌신이 절대적으로 필요하다.

둘째, 기존 성도들이다.

이들도 담임목회자 가정만큼이나 중요하고 중요하다. 왜냐하면, 이들이 결국 태신자(vip) 리스트를 확보하고 적극적으로 홍보할 뿐만 아니라 결정적으로 그들을 초청하는 일을 감당하기 때문이다. 그 때문에 〈공진단 만들기 클래스〉는 우선적으로 교회 성도들이 먼저 참여하여 혜택을 경험할 수 있도록 돕고 있다.

교회 안 성도들이 먼저 공진단을 통해 몸도, 마음도 회복하고 도움을 받아야 그 사랑과 은혜를 다른 사람들에게 전할 수 있다. 본인이 먹고 효과를 봐야 다른 이들에게도 자신 있게 전할 수 있다.

셋째, 가장 중요한 태신자 그룹이다.

이미 이들의 중요성은 입이 마르도록 강조하고 강조했다. 이들이 없다면 이 모든 클래스의 의미는 완성되지 못한다. 이들이 있기에 우리가 있고, 이들이 예수님께 돌아와야 하기에 우리가 그 어떠한 수고도 마다하지 않아야 한다.

🌑 엥간치 해라!

그들이 나갈새 사람들이 청하되 다음 안식일에도 이 말씀을 하라 하더라 회당의 모임이 끝난 후에 유대인과 유대교에 입교한 경건한 사람들이 많이 바울과 바나바를 따르니 두 사도가 더불어 말하고 항상 하나님의 은혜 가운데 있으라 권하니라 그 다음 안식일에는 온 시민이 거의 다 하나님의 말씀을 듣고자 하여 모이니 유대인들이 그 무리를 보고 시기가 가득하여 바울이 말한 것을 반박하고 비방하거늘 바울과 바나바가 담대히 말하여 이르되 하나님의 말씀을 마땅히 먼저 너희에게 전할 것이로되 너희가 그것을 버리고 영생을 얻기에 합당하지 않은 자로 자처하기로 우리가 이방인에게로 향하노라 주께서 이같이 우리에게 명하시되 내가 너를 이방의 빛으로 삼아 너로 땅끝까지 구원하게 하리라 하셨느니라 하니 이방인들이 듣고 기뻐하여 하나님의 말씀을 찬송하며 영생을 주시기로 작정된 자는 다 믿더라 주의 말씀이 그 지방에 두루 퍼지니라 이에 유대인들이 경건한 귀부인들과 그 시내 유력자들을 선동하여 바울과 바나바를 박해하게 하여 그 지역에서 쫓아내니 두 사람이 그들을 향하여 발의

> 티끌을 떨어 버리고 이고니온으로 가거늘 제자들은 기쁨과 성령이 충만하니라(행 13:42-52).

내가 섬기는 교회는 정기적으로 〈공진단 만들기 클래스〉를 연다. 처음엔 내가 주도해서 클래스 날짜를 잡고 홍보물을 만들어 주변에 뿌렸다. 그런데 지금은 주변에서 그룹을 만들어 클래스를 열어 달라고 연락이 온다.

물론, 처음부터 연락이 온 것은 절대 아니다. 아마 이 사역을 듣고 알게 되어 한번 해 보겠다고 결심한 교회나 목회자들도 처음부터 바로 실행할 생각은 하지 못했을 터이다.

나는 이미 2년 넘게 이 사역을 하며 홍보해 왔는데, 이제야 조금씩 알려지기 시작했다.

영혼을 구하고 살리려는 전도 운동이 어디 하루아침에 효과를 볼 수 있겠는가?

가까운 사람들로부터 멀리 있는 사람들까지 "어지간히 해라"라고 하지 않겠는가?

아무리 귀한 사역을 하더라도 부정적인 시선과 협조하지 않는 사람들은 어디에나 존재한다.

더군다나 사람을 살리고 영혼을 구하는, 예수님이 가장 좋아하시는 일을 하는데 사탄 마귀가 가만히 있겠는가?

별의별 소리를 하는 사람도 있다. 나는 전도법을 정리하여 『FISH 전도법』이라는 책을 출간했다. 보통의 경우라면 성도들이 좋아하면서 축하해 주고 더 나아가 남들에게 홍보도 해 줄 만한데 그렇지 않은 경우가 허다했다. 심지어 내용도 모르면서 『FISH 전도법』이라고 하면 신천지 같은 이단이 생각난다며 말리는 분도 있었다.

이름만 대면 알 만한 유명한 목사님들의 책이야 굳이 자신이나 성도들이 홍보를 안 해도 엄청나게 팔려 나간다.

어디 책만 그렇겠는가?

유명한 분들이 강사로 초청되면 교회 분위기가 달라지지 않는가?

물론, 전도도 그분들이 다 할 수만 있다면 그보다 더 좋을 순 없다. 그런데 문제는 그분들이 다 할 수 없다는 것이다.

예수님이 지상명령인 영혼 구원을 부탁하시면서 당대에 각 지역에서 훌륭하고 유명하여 크게 알려진 몇몇 사람에게만 그 일을 맡기신 게 아니지 않은가?

유명한 목사님들이 세계 곳곳을 누비며 작은 동네, 크지 않은 지역까지 두루두루 다니며 전도 운동을 펼칠 수 있겠는가?

그렇기에 그 일은 우리 모두가 해야 한다. 적어도 우리가 살고 있는, 각자가 거한 그곳에서의 영혼 구원은 우리 각자가 책임져야 한다.

내가 다니는 교회가 작거나 크거나 내가 속한 공동체가 작거나 크거나 영혼 구원의 운동은 해도 그만, 안 해도 그만인 일이 아니다. 전도해 보자는 말에 콧방귀를 뀌는 사람이 있더라도 포기하지 말고 해야 한다. 할 수 있는 한 모든 방법을 써서라도 해야 하는 것이 바로 영혼 구원, 전도 운동이다.

〈FISH 전도법〉은 이것을 하려고 한다. 아무리 작고 연약한 공동체라도 얼마든지 사람을 모을 수 있고, 모인 사람들에게 복음이 지나갈 수 있는 공간을 내줄 수 있음을 보여 주려고 한다.

사람을 살리고 영혼을 구하는 일에 어지간히 하는 건 존재할 수 없다. 살리고 구할 수만 있다면 뭐라도 해 보는 것이야말로 구원받은 자녀의 올바른 태도이다.

🌀 기양 혀야 쏠 거인디 생각만 허덜 말고!

내 형제들아 만일 사람이 믿음이 있노라 하고 행함이 없으면 무슨 유익이 있으리요 그 믿음이 능히 자기를 구원하겠느냐 만일 형제나 자매가 헐벗고 일용할 양식이 없는데 너희 중에 누구든지 그에게 이르되 평안히 가라, 덥게 하라, 배부르게 하라 하며 그 몸에 쓸 것을 주지 아니하면 무슨 유익이 있으리요 이와 같이 행함이 없는 믿음은 그 자체가 죽은 것이라 어떤 사람은 말하기를 너는 믿음이 있고 나는 행함이 있으니 행함이 없는 네 믿음을 내게 보이라 나는 행함으로 내 믿음을 네게 보이리라 하리라 네가 하나님은 한 분이신 줄을 믿느냐 잘하는도다 귀신들도 믿고 떠느니라 아아 허탄한 사람아 행함이 없는 믿음이 헛것인 줄을 알고자 하느냐 우리 조상 아브라함이 그 아들 이삭을 제단에 바칠 때에 행함으로 의롭다 하심을 받은 것이 아니냐 네가 보거니와 믿음이 그의 행함과 함께 일하고 행함으로 믿음이 온전하게 되었느니라(약 2:14-22).

아마 목회자들은 교회에 새로운 사람 한 명 오는 것이 얼마나 어려운 일인지 알 것이다. 특히나 작은 교회 혹은 개척교회를 목회하는 분들은 더욱더 절감할 터이다.

내가 노회에 가면 조금 규모가 있는 교회의 목사님들로부터 1년에 적어도 백 명 이상은 교회를 방문한다는 말을 듣게 된다. 그러면 솔직히 이런 마음이 든다.

'와우, 너무 부럽다!'

우리 교회의 현실은 다르다. 〈공진단 만들기 클래스〉에 온다고 하여 교회 주소를 알려 드려도 교회를 찾지 못해 늦었다는 분들이 항상 있다. 교회가 눈에 띄지 않는 작은 교회이기 때문이다. 심지어 우리 교회를 방문하려고 했으나 맞은편 다른 교회에 앉아 있다가 광고시간에 본인이 다른 교회에 있음을 그제서야 깨닫고 예배시간 말미에 도착한 분도 있었다.

말하고자 하는 포인트는 작은 교회에서는 전도가 어려워도 너무 어렵다는 것이다. 수평 이동이 아닌 진짜 영혼 구원은 더욱 쉽지 않다.

처음 〈FISH 전도법〉을 정리하면서 이 전도법이야말로 우리 교회와 같은 형편에 있는 작은 교회들, 즉 개척교회와 가정교회 등을 위해 최적화된 전도법이라 생각했다.

물론, 철저하게 소규모 교회만을 위한 전도법은 아니다. 그렇지만 대규모 공동체와 소규모 공동체는 비교할 수 없을 만큼 많은 것이 다르고 동시에 비교가 된다. 소규모 교회들은 전도하려고 태신자들을 초청하려고 해도 쉽지가 않다. 사람이 사람을 데려오거나 소개를 해야 하는데, 교인 수가 적으면 적을수록 데려올 사람도 적을 수밖에 없다.

그뿐이 아니다. 큰 교회들은 많은 경우 초심자들의 관심을 끌 만한 다양한 프로그램과 조직을 가지고 있다. 요즘에는 믿는 성도들도 자녀의 신앙교육을 위해 교육부가 잘되어 있는 큰 교회로 옮겨 가는 실정이다. 예배 현장도 큰 교회는 소규모 교회와는 비교가 안 된다. 음향 시설, 음악적으로 수준 높은 찬양대, 목사님의 설교 등 대부분의 것이 비교 불가라 할 수 있겠다.

상황이 이러니, 소규모 교회들은 태신자들을 교회에 한 번이라도 초대하는 일이 참 쉽지 않다. 큰 교회들처럼 유명한 사람들을 초청해 간증 집회를 할 수도 없고, 천국 잔치와 같이 잘 차려진 행사를 할 형편도 안 되고, 또 어떻게 한다고 해도 사람들이 잘 오지 않는 것이 현실이다.

현실이 그렇다고 다 때려치울 수도 없지 않은가?

관건은 어떻게 해야 우리의 태신자들을 교회공동체 속으로 데려올 수 있는가 하는 것이다. 나는 이 부분에 관해 많은 관심을 기울여 연구한 결과로 〈공진단 만들기 클래스〉를 열게 되었다.

물론, 당신이 더 좋은 클래스나 모임을 생각하고 있다면 당연히 그 모임을 만들어 태신자들을 초대하면 된다.

무엇이 되었든 비신자들을 초대하여 관계를 형성하여 그들에게 다가갈 수만 있다면 해 보면 된다. 구원의 확신과 믿음이 있다면 가만히 있지 말고 무엇이라도 해 보자. 우리의 믿음은 행동할 때 온전해지기 때문이다.

> 이와 같이 행함이 없는 믿음은 그 자체가 죽은 것이라(약 2:17).

04

언능 오시오, 와서 보면 보인당께!
Just come and see!

🌰 사람은 싹 다 긁은 거여!

이튿날 예수께서 갈릴리로 나가려 하시다가 빌립을 만나 이르시되 나를 따르라 하시니 빌립은 안드레와 베드로와 한 동네 벳새다 사람이라 빌립이 나다나엘을 찾아 이르되 모세가 율법에 기록하였고 여러 선지자가 기록한 그이를 우리가 만났으니 요셉의 아들 나사렛 예수니라 나다나엘이 이르되 나사렛에서 무슨 선한 것이 날 수 있느냐 빌립이 이르되 와서 보라 하니라 예수께서 나다나엘이 자기에게 오는 것을 보시고 그를 가리켜 이르시되 보라 이는 참으로 이스라엘 사람이라 그 속에 간사한 것이 없도다 나다나엘이 이르되 어떻게 나를 아시나이까 예수께서 대답하여 이르시되 빌립이 너를 부르기 전에 네가 무화과나무 아래에 있을 때에 보았노라 나다나엘이 대답하되 랍비여 당신은 하나님의 아들이시요 당신은 이스라엘의 임금이로소이다 (요 1:43-49).

태신자들이나 초청자들이 〈공진단 만들기 클래스〉에 대해 듣게 되면 보통 이런 반응을 보인다.

"무슨 선한 것이 있겠나?"

더군다나 교회가 작으면 작을수록 뭐 좋은 것이 있을까 생각한다. 그러니 소규모 교회들은 더욱 위축되어 전도하기가 참 쉽지 않은 시대를 살고 있다. 거기에 수평 이동으로도 성도가 오질 않으니 지금 있는 성도만 바라보게 된다. 이때 소위 뜰 만한 도구가 있다면 얼마나 좋을까 생각해 본다. 그러나 선한 것이 없을 거라고 웬만한 것에는 눈길조차 주질 않는 이 세대. 피리를 불어도 춤추지 않고, 울어도 가슴을 치지 않는다.

이 세대 속에서 전도가 웬 말인가?

그나마 다행스러운 것은 공진단이라는 보약이 이미 많은 사람에게 알려져 있다는 사실이다. 공진단은 굉장히 비싸고 좋은 보약으로 많은 경우 이름만 대면 안다.

건강에 관해 관심이 많은 세대에게는 이전부터 형성된 관계가 나쁘지만 않다면 홍보하기에 그다지 어렵지 않다는 것이 이 클래스의 장점이라고 할 수 있겠다.

사람은 누구 할 것 없이 몸에 좋은 것을 먹기 원하고, 누구 할 것 없이 몸에 좋은 것을 가지고 싶어 한다. 더군다나 나이가 많거나, 건강의 소중함을 알거나, 건강을 잃어 보았거나, 현재 몸 상태가 안 좋거나, 수술을 했거나, 면역력이 약하거나, 만성피로로 인해 일상생활에 어려움을 겪거나, 봄에 기운이 없다고 느끼거나, 늙은 후에 치매가 나타날까 염려되거나, 기억력 회복을 원하거나, 간 기능 향상을 바라거나, 노화를 방지하고 싶은 사람이라면 누구라도 '공진단'에 관심을 가질 수밖에 없다.

사람은 누구나 건강하고 싶은 마음이 다 있다. 내가 형편이 안 되어 그런 비싼 보약을 먹지 못할 뿐이지 원하지 않는 것이 아니다. 이런 비싼 보약을 직접 만들어 보고 또 재료비만으로 구매할 수 있는 클래스가 있다고 하면 누구라도 호기심을 느끼기에 충분하다. 깨끗하고 좋은 약재를 사용해 한의원에서 구매하는 공진단과 똑같은 완제품을 만들어 가질 수 있는 공동 구매 형식의 클래스를 마다할 이유가 그리 많지 않을 거라 생각한다.

그래서 자신 있게 "와 보라"라고 말할 수 있다. 〈공진단 만들기 클래스〉를 하면 할수록 이러한 자신감이 생기는 것은 참가자들의 폭발적인 반응 때문이다.

보통 〈공진단 만들기 클래스〉를 홍보하면서 미리 주문을 받는다. 클래스에 필요한 재료를 준비하기 위해서다. 그리고 참가자들이 만든 공진단을 고급 케이스에 넣어 드리기 위해서다. 원하는 개수를 알아야 재료를 준비해 반죽을 하고, 만든 이후에 케이스에 넣어 완제품을 드릴 수가 있기 때문이다.

처음에 태신자들이나 성도들을 초청하면서 구입하고자 하는 공진단의 개수를 물어보면 다들 조금만 해 보겠다고 한다. 왜냐하면, 설마 제대로 된 공진단이 나오겠느냐는 의심 때문이다.

세상에 공짜가 어딨느냐며 의심하는 사람이 많다.

복음도 공짜다 보니 믿지 않는 사람이 얼마나 많은가?

실제 클래스에 참여하여 직접 설명을 듣고 공진단을 만들기 전에는 의심을 어찌할 수가 없나 보다. 그러나 직접 참여하여 강의를 듣고 경험을 하게 되면 다들 처음에 주문했던 공진단 개수보다 더 많이 만들고 싶어 한다. 본인이 다른 사람들보다 더 필요하다고 하면서 눈치 싸움을 시작한다.

한번은 워싱턴 D.C.에서 지역 목사님들을 모시고 〈FISH 전도법〉 세미나와 〈공진단 만들기 클래스〉를 진행한 적이 있다. 모임의 총무인 목사님에게 참여하는 분들의 공진단 주문 개수를 파악해 달라고 부탁드렸다. 주문을 받고서 클래스 일주일 전에 택배 업체를 통해 현장으로 모든 재료를 다 보내고, 나는 가족과 함께 비행기에 몸을 실었다.

거기서 세미나에 참여한 목사님들도 반신반의하기는 매한가지였다. 무슨 목사가 공진단을 만드나 하면서 왔던 것이다.

그런데 세미나가 끝나고 〈공진단 만들기 클래스〉가 진행되면서 다른 여느 클래스와 똑같은 반응이 일어났다. 클래스가 진행되는 중간중간, 처음 주문한 개수보다 숫자를 올려서 만들어 가져가겠다는 분이 계속 생겨났다. 이렇게 주문한 개수보다 많이 공진단을 확보하는 분들이 있다 보니, 정작 주문한 대로 가져가려던 분들에게 공진단이 제대로 돌아가지 않는 상황이 펼쳐졌다. 이쯤 되니 모임의 회장 목사님이 화가 나셔서 어떻게 목사님들이 질서를 안 지키느냐고 한 소리 하시면서 상황이 종료되었다.

내가 매번 벌어지는 상황을 미리 짐작하고 재료를 더 많이 준비했음에도 동이 나 버렸다. 나는 〈공진단 만들기 클래스〉에 참여하고서 원하는 만큼 가져가지 못한 분들을 위해 집으로 돌아오자마자 공진단을 만들어 택배로 보내 드렸다.

각 교회 담임목사님들의 입장에서는 생소한 〈FISH 전도법〉과 〈공진단 만들기 클래스〉, 더구나 이름도 들어 보지 못한 어느 목사가 한다는 전도 이벤트에 무슨 선한 것이 있을까 생각하는 것이 지극히 당연한 반응이다. 사실 이 클래스를 거절하는 분도 꽤 있다. 물론, 대개 직접적으로 표현은 하지 않는다. 나는 그런 분들의 마음을 충분히 이해한다.

그러나 분명한 사실은 좋은 것은 언젠가는 알아보게 된다는 것이다. 내가 가는 곳마다 소위 대박이 나지 않은 곳이 없었고 싫어하는 분이 없었다. 만약 영혼 구원을 위해 이 전도법과 클래스를 한번 해 보겠다고 결정했다면 자신 있게 다른 이에게 말해 보자.

"와 보라!"

나다나엘이 이르되 나사렛에서 무슨 선한 것이 날 수 있느냐 빌립이 이르되 와서 보라 하니라(요 1:46).

🌑 허벌나게 기도하는 거여!

하루는 가르치실 때에 갈릴리의 각 마을과 유대와 예루살렘에서 온 바리새인과 율법교사들이 앉았는데 병을 고치는 주의 능력이 예수와 함께하더라 한 중풍병자를 사람들이 침상에 메고 와서 예수 앞에 들여놓고자 하였으나 무리 때문에 메고 들어갈 길을 얻지 못한지라 지붕에 올라가 기와를 벗기고 병자를 침상째 무리 가운데로 예수 앞에 달아 내리니 예수께서 그들의 믿음을 보시고 이르시되 이 사람아 네 죄 사함을 받았느니라 하시니

서기관과 바리새인들이 생각하여 이르되 이 신성모독 하는 자가 누구냐 오직 하나님 외에 누가 능히 죄를 사하겠느냐 예수께서 그 생각을 아시고 대답하여 이르시되 너희 마음에 무슨 생각을 하느냐 네 죄 사함을 받았느니라 하는 말과 일어나 걸어가라 하는 말이 어느 것이 쉽겠느냐 그러나 인자가 땅에서 죄를 사하는 권세가 있는 줄을 너희로 알게 하리라 하시고 중풍병자에게 말씀하시되 내가 네게 이르노니 일어나 네 침상을 가지고 집으로 가라 하시매 그 사람이 그들 앞에서 곧 일어나 그 누웠던 것을 가지고 하나님께 영광을 돌리며 자기 집으로 돌아가니 모든 사람이 놀라 하나님께 영광을 돌리며 심히 두려워하여 이르되 오늘 우리가 놀라운 일을 보았다 하니라(눅 5:17-26).

옛말에 "병은 주위에 알려라"라는 말이 있다. 사실 우리 주변에는 아픈 사람이 너무나 많다. 물론, 자신에게 의원이 필요 없다고 생각하는 사람을 돕기란 여간 어려운 일이 아닐 수 없다. 그러나 좋은 보약을 알리다 보면 반드시 보약이 필요한, 건강이 필요한 사람이 많다는 것을 알게 된다.

누가복음 5장에 나오는 중풍병자가 스스로 자신의 병을 어찌할 수 없다. 그나마 그에게 좋은 친구들이 있었기에 망정이지, 친구라도 없었다면 평생 그리 살다 가야 한다. 나는 그 이야기에서 이런 가정을 해 본다.

친구들이 있기는 하지만 그 친구들이 이렇게 고민했다면 어떻게 되었을까?

'무슨 지붕을 뚫어?'

'뭐 그렇게까지 도와야 하나.'

'뚫으면 지붕 수리비는 누가 내고?'

이런 고민으로 꼼짝하지 않았다면 그 결과는 뻔하지 않았을까?

치유도, 구원도, 건강을 얻는 것도 똑같다. 그냥 얻어시지 않는다. 누군가의 헌신과 희생이 없이 주어지지 않는다.

예수님이 죄인 된 인간을 위해 이 땅에 오지 않으셨다면, 십자가에서 희생치 않으셨다면, 부모 혹은 누군가가 나에게 하나님을 소개하지 않았더라면 우리 모두는 여기까지 올 수 없었을 것이다.

전도하겠다고 결단하고 귀한 이벤트를 준비했다면 무엇보다 초청할 태신자들을 위해 기도부터 해야 한다. 매주 태신자 리스트를 보고 공동체적으로 함께 열심을 다해 기도해야 한다.

〈공진단 만들기 클래스〉를 한다면 공진단 자체도 효능이 있겠지만 육신적 치유뿐 아니라 영혼의 구원을 위해서는 하나님의 역사하심이 반드시 있어야 한다. 클래스는 내가 진행하는 것이지만 이 클래스를 통해 영육의 치유와 구원이 임하기 위해서는 교회공동체가 전심을 다해 부르짖으며 기도해야 한다.

가장 안타까운 사실은 오늘날 침상을 둘러메고 함께 뛰어줄 성도와 교회를 보기가 힘들다는 것이다. 침상을 둘러메기는커녕 함께 태신자들을 위해 기도하자고 해도 꿈쩍도 안 하는 세상을 살아가고 있다. 전도 대상자 이름을 내라고 해도 반응이 없고, 교회에서 전도 이벤트를 한번 해 보자고 해도 별의별 핑계를 다 대면서 협조하지 않는다.

가끔 담임목사님들로부터 〈공진단 만들기 클래스〉를 한번 해 보고 싶은데, 성도들 중에 "그런 거 잘못 먹으면 큰일

나요"라고 반대하는 분이 있어서 못한다는 볼멘소리를 듣게 된다.

수천 년간 내려온 이 공진단은 이미 검증이 된 보약이다. 내가 그냥 어디서 대충 만들어 오는 것이 결코 아니다. 한국에서 GMP 인증을 받은 유명 회사에서 수입한 정확한 제품, 유명한 약재를 사용한다. 지금껏 셀 수 없이 많은 공진단을 클래스를 통해 만들었고, 수많은 참가자가 먹었다. 그러나 단 한 번도 문제가 된 경우가 없었다. 꼭 공진단이 불안해서 안 된다면 다른 것을 활용하기 바란다.

뭐라도 해야 하지 않겠는가?

최소한 기노라도 한다면 침상을 들러메고 뛸 사람들에게 힘이 되지 않을까?

기도는 못할망정 메고 있는 침상 끈을 싹둑 자르지는 않아야 할 텐데.

혹시 이 책을 읽는 독자 가운데 소규모 교회의 성도가 있다면 제발 담임목회자를 도와주길 부탁한다. 소규모 교회의 목회자들이 실력이 없고 능력이 없다 할지라도 침상을 함께 들고 뛸 당신이 있다면 분명 기적은 일어날 것이다.

큰 교회에는 그런 성도가 많고, 소규모 교회에는 그런 성도가 많지 않은 것은 아닐까?

영혼 구원이 일어나기 위해서는 무엇보다 선행되어야 하는 일이 있는데 바로 기도다. 중언부언하지 않기 위해서는 무엇보다 태신자 리스트가 있어야 한다. 가슴에 기도해야 할 사람의 이름 석 자가 분명하게 있어야 기도할 수 있다.

내가 잘 아는 어느 교회는 성도들이 올려 준 태신자 이름을 취합하여 토요일 새벽기도회마다 스크린에 띄우고 기도했다. 그리고 약 4년이 지나 그 명단에 있던 태신자가 교회에 왔다. 그 주일 오후에 담임목사가 그에게 이렇게 말했다.

"우리 교회 성도들이 4년 동안 당신을 위해 기도했습니다."

그때 그 태신자가 얼마나 감사해하며 감동했는지 담임목사로서 잊을 수 없다고 말하던 모습이 지금도 생생하다.

교회가 다른 무엇이 아니라 사람을 살리고 영혼을 구하는 일에 함께 기도하고 함께 협력하는 것이 얼마나 중요한가!

살려야 할 사람이 없고 기도할 제목이 없으면 그때부터 싸울 일이 얼마나 많이 생기는지 안타깝다.

전도할 대상자를 선택하고 그들을 위해 뜨겁게 기도하며 좋은 이벤트를 준비하여 그들을 초청하는 일에 성도들이, 교회공동체가 힘을 합할 때 영혼 구원의 기적이 일어나리라!

🌐 오, 고놈 솔찬히 하네!

> 사울이 예루살렘에 가서 제자들을 사귀고자 하나 다 두려워하여 그가 제자 됨을 믿지 아니하니 바나바가 데리고 사도들에게 가서 그가 길에서 어떻게 주를 보았는지와 주께서 그에게 말씀하신 일과 다메섹에서 그가 어떻게 예수의 이름으로 담대히 말하였는지를 전하니라 사울이 제자들과 함께 있어 예루살렘에 출입하며 또 주 예수의 이름으로 담대히 말하고 헬라파 유대인들과 함께 말하며 변론하니 그 사람들이 죽이려고 힘쓰거늘 형제들이 알고 가이사랴로 데리고 내려가서 다소로 보내니라 그리하여 온 유대와 갈릴리와 사마리아 교회가 평안하여 든든히 서 가고 주를 경외함과 성령의 위로로 진행하여 수가 더 많아지니라(행 9:26-31).

〈공진단 만들기 클래스〉에 태신자들을 초대하고 나면 괜한 염려가 생기기도 한다. 혹시라도 참석했다가 별로 좋은 인상을 받지 못하면 어떡하나 하는 염려이다.

'듣보잡 목사'가 와서 클래스를 진행한다는데 과연 제대로 할 수 있을까 염려하는 것을 모르지 않는다. 그렇기 때문에 나는 클래스를 앞두고 더욱 많은 기도로 마음을 준비한다. 꼼꼼하게 이벤트를 준비하여 현장에서 발생할 수 있는 여러 변수에 대비한다.

다행스러운 것은 수년간 한의약 업계에 몸담아 매니저의 위치에까지 올랐고, 거기에다가 수년간 클래스를 진행한 경험까지 쌓였다는 사실이다. 오랜 기간 한의약 관련 제품을 판매하고 고객 관리도 하고 한의약 업계 전반적인 일을 다루다 보니 가장 안전하고 확실한 클래스를 구성할 수 있었다.

이벤트를 진행하면서 가장 신경 쓰는 것은 나 자신의 마음가짐과 태도이다.

예루살렘 제자들은 악명이 높았던 사울을 두려워했다. 그때 바나바의 해명은 그들이 마음을 여는 데 가히 결정적인 역할을 했다. 그런데 제자들이 중요하게 생각한 것은 바나바의 말이 아닌, 바나바 그 자신이었을 것이다. 바나바가 평소 보여 준 진심이 통해서 사울을 받아들였을 것으로 본다.

목회자로, 또 영혼 구원 운동을 펼치는 사역자로 가장 중요한 덕목이 있다면 바로 태도가 아닐까 생각한다.

나를 전혀 알지 못하는 담임목회자들과 성도들 그리고 태신자들을 만나는 일에 조심성이 결여되어서는 결코 안 된다. 시시껄렁한 농담을 던지거나, 사람들의 질문에 건성으로 대답하는 태도는 모든 것을 망치는 지름길이 된다.

고가의 보약을 다루면서, 깨끗하지 못하거나 투명하지 못하거나 단정하지 못한 모습으로 나타난다면 누가 환영하겠는가?

이벤트를 진행할 때 겉으로 보이는 부분도 상당히 중요하다. 아무리 좋은 음식이 있다 할지라도 더러운 그릇에 담아 대접한다고 생각해 보라.

누가 기쁘게 그 음식을 먹을 수 있겠는가?

아무리 재료비라 하지만 자기 돈을 내고 참여한 클래스에서 제대로 된 보약을 만들지 못한다면 안 하는 것보다 못한 일이 된다. 클래스를 진행한 내 입장에서는 전도하려다가 하나님 얼굴에 먹칠하는 경우가 발생하게 된다. 그러므로 나는 항상 단정한 옷차림과 정제된 표현으로 정성을 다해 클래스를 진행한다. 아무래도 이런 이벤트 후에 뒷말이 나오면 누구보다 담임목회자들이 곤욕을 치르게 되고 전도의 길도 막히기 때문이다.

어디 〈공진단 만들기 클래스〉를 진행하는 나만 그렇겠는가?

태신자를 초대하는 성도들이나, 새로운 태신자를 맞이하는 담임목회자나 사모들도 마찬가지이다. 사람은 익숙한 일을 하다 보면 조심성이 결여되고 정돈되지 않은 모습이 필터(filter) 없이 막 나오는 경우가 있다. 성도 된 우리는 친절하고 진실한 태도로 누군가의 바나바가 되어 주어야 한다.

아무것도 모르는 태신자들을 교회공동체에 소개하는 바나바가 되자. 바나바의 진심이 담긴 삶의 태도가 없었다면 누구도 사도 바울을 인정하고 받아들이지 못했을 것이다. 우리의 태신자들이 교회공동체에 들어오기 위해서는 우리 모두의 진실한 태도가 필요하다. 우리가 태신자들을 위한 바나바가 되어야 한다.

왐마, 이게 다 뭐다냐?

오순절 날이 이미 이르매 그들이 다 같이 한곳에 모였더니 홀연히 하늘로부터 급하고 강한 바람 같은 소리가 있어 그들이 앉은 온 집에 가득하며 마치 불의 혀처럼 갈라지는 것들이 그들에게 보여 각 사람 위에 하나씩 임하여 있더니 그들이 다 성령의 충만함을 받고 성령이 말하게 하심을 따라 다른 언어들로 말하기를 시작하니라 그때에 경건한 유대인들이 천하 각국으로부터 와서 예루살렘에 머물러 있더니 이 소리가 나매 큰 무리가 모여 각각 자기의 방언으로 제자들이 말하는 것을 듣고 소동하여 다 놀라 신기하게 여겨 이르되 보라 이 말하는 사람들이 다 갈릴리 사람이 아니냐 우리가 우리 각 사람이 난 곳 방언으로 듣게 되는 것이 어찌 됨이냐 우리는 바대인과 메대인과 엘람인과 또 메소보다미아, 유대와 갑바도기아, 본도와 아시아, 브루기아와 밤빌리아, 애굽과 및 구레네에 가까운 리비야 여러 지방에 사는 사람들과 로마로부터 온 나그네 곧 유대인과 유대교에 들어온 사람들과 그레데인과 아라비아인들이라 우리가 다 우리의 각 언어로 하나님의 큰일을 말함을 듣는도다 하고 다 놀라며 당황하여 서로 이르되 이 어찌 된 일이냐 하며 또 어떤 이들은 조롱하여 이르되 그들이 새 술에 취하였다 하더라(행 2:1-13).

〈공진단 만들기 클래스〉 참가자들이 클래스에 들어오면 가장 먼저 느끼는 것이 약재 냄새이다. 클래스가 진행되기 전에 내가 반죽 작업을 선행했기 때문이다.

초청받아 간 주(州)에서 클래스를 위한 반죽 작업을 현장에서 진행할 수 없을 때도 있다. 그런 경우에는 내가 묵는 호텔에서 미리 진행해 간다.

일반적으로는 〈공진단 만들기 클래스〉를 진행하기 두 시간 전부터 내가 반죽 작업을 시작한다. 이 같은 경우 클래스를 진행하는 공간에 약재 냄새가 진동한다.

공진단에 들어가는 각각의 약재는 고운 가루 상태로 수입된다. 나는 그 고운 가루를 〈공진단 만들기 클래스〉를 진행하는 현장에서 다시 한번 고운 채로 거른다. 이때 약재 고유의 냄새가 현장을 뒤덮게 된다.

나는 언제부터인가 이 약재 냄새가 너무나 좋다. 마음이 차분해지고 정화되는 기분을 느끼게 된다.

한국 사람이라면 많은 경우 한의원을 한 번 이상 방문한 경험이 있다. 요즘에는 미국에도 한의원이 상당히 많다. 미국에 사는 한인은 일반 병원을 방문하는 비용과 시간 소모 때문에 불편함을 경험해 보았을 것이다. 그래서 일반 병원보다 한의원 방문을 선호하는 사람이 많다. 더군다나 발목을 삐거나 몸이 허약한 경우에는 한의원에 가는 것을 당연하게 여길 만큼 한의원은 한인에게 친숙한 의료 선택지이다.

일반적으로 한의원을 방문하면, 한의원만이 주는 느낌이란 걸 받는다. 보약을 달이는 냄새와 약재 냄새가 나니 한의원 방문만으로도 이미 온몸에 보약을 입은 듯 기분이 좋아진다.

이 느낌을 〈공진단 만들기 클래스〉에 옮겨 놓기 위해 무척 노력했다. 사람의 후각은 자신의 경험에 대한 기분을 좌우하는 가장 기초적인 조건이다. 〈공진단 만들기 클래스〉에서 제공하는 이 후각적 경험이 태신자의 교회 첫 방문에 긍정적인 느낌을 줄 수 있다.

〈공진단 만들기 클래스〉는 참가자의 후각만 자극하는 게 아니다. 참가자들이 오기 전부터 가야금 CCM 음원이 클래스 현장에 은은하게 울려 퍼진다.

사실 미국에 살면서 가야금과 같은 전통 악기의 연주를 들을 기회가 얼마나 있겠는가?

마치 참가자들이 어디 전통 찻집에 들어서거나 경복궁과 같은 문화재를 보러 온 것 같은 분위기에 자연스럽게 빠져든다.

이 가야금 연주와 공진단은 떼려야 뗄 수 없는 찰떡궁합을 보여 주기에 부족함이 없다. 참가자들은 클래스가 진행되기 전부터 한의원에 온 것 같은 느낌을 가지며 마음이 열리게 된다. 평소에 경험해 보지 않았던 것을 클래스를 통해 귀와 코로 경험한다.

오래전에 할아버지, 할머니를 위해 손주가 만드는 공진단 클래스를 진행한 적이 있었다. 미국에서 태어나 자란 어린아이들이 약재나 공진단에 대해 알 리가 만무하다. 그 어린아이들이 자기 부모의 나라인 한국의 정서를 이 클래스를 통해 만끽한 경험을 나도 잊을 수 없다.

〈공진단 만들기 클래스〉가 진행되는 장소는 무엇보다 탁자를 잘 준비해야 한다. 서로 마주하고 앉을 수 있게 테이블 세팅(setting)이 필요하다. 아무래도 태신자들 중간중간에 담임목회자를 포함한 성도들이 앉게 된다. 탁자 위에는 깨끗한 보자기 혹은 식탁보를 깐다. 그 위에 깨끗한 종이 접시를 놓으면 준비가 거의 끝난다. 이 클래스에는 청결이 가장 중요하다.

이렇게 준비되면 나는 미리 준비해 간 라텍스 장갑과 마스크를 탁자 위에 세팅해 놓는다. 참가자들이 현장에 도착했을 때는 무엇보다 청결한 분위기에 클래스에 필요한 소모품이 가지런히 준비되어 있어야 한다. 이것이 참가자들에게 이 클래스가 진지하게 임해야 할 것임을 무언으로 보여 주는 것이다. 이 같은 정돈된 분위기에서 클래스가 진행된다.

이 같은 시각적 측면도 처음 교회를 방문한 참가자들에게는 중요한 요소가 된다. 시각적 요소 가운데에는 참가자들이 직접 만든 공진단을 담아 갈 공진단 케이스를 쌓아 놓는 것도 포함된다.

처음 〈공진단 만들기 클래스〉에 대해 이야기를 들은 사람은 뭐가 뭔지 알 수가 없다. 전문적일 것이라는 기대는 거의 없고 대개 약간의 의심을 가지고서 클래스에 들어온다. 특히, 자기가 만들어 가져갈 공진단이 한의원에서 고가에 판매하는 완제품과 비슷할 거란 생각은 전혀 하지 않는다.

그런데 탁자에 이미 세팅된 각종 케이스와 공진단을 담을 금색 유광 병들을 보면 눈동자가 커지고 마음이 열리게 된다.

미국에선 공진단 관련 제품, 예를 들면 케이스며 금박 병을 모두 구할 수 없다. 그래서 모든 제품을 한국으로부터 수입한다. 한국에서 수입한 제품을 〈공진단 만들기 클래스〉를 위해 선별하여 탁자 위에 세팅하는 것이다.

자개가 박힌 최상급의 공진단 케이스와 번쩍번쩍 빛이 나는 금색 병이 주는 고급스러움은 참가자들의 마음을 사로잡기에 충분하다.

이같이 〈공진단 만들기 클래스〉는 아주 전문적이고 고급스러운 클래스로 설계되었다. 이 〈공진단 만들기 클래스〉는 그냥 주먹구구식으로 어찌어찌하다 보니 된 것이 아니고 사람을 살리고 영혼을 구할 생각으로 오랜 시간 연구한 결과물이라고 할 수 있겠다.

참가자들의 눈과 귀, 코와 입, 마음까지 열릴 수 있게 준비를 마치면 본격적으로 〈공진단 만들기 클래스〉가 진행된다.

05

입이 열리면 맘도 열린당께요!
Opened mouth, heart will open too!

🌑 어쩌라고, 그거 못해!

이것이 곧 적게 심는 자는 적게 거두고 많이 심는 자는 많이 거두다 하는 말이로다 각각 그 마음에 정한 대로 할 것이요 인색함으로나 억지로 하지 말지니 하나님은 즐겨 내는 자를 사랑하시느니라 하나님이 능히 모든 은혜를 너희에게 넘치게 하시나니 이는 너희로 모든 일에 항상 모든 것이 넉넉하여 모든 착한 일을 넘치게 하게 하려 하심이라 기록된 바 그가 흩어 가난한 자들에게 주었으니 그의 의가 영원토록 있느니라 함과 같으니라 심는 자에게 씨와 먹을 양식을 주시는 이가 너희 심을 것을 주사 풍성하게 하시고 너희 의의 열매를 더하게 하시리니 너희가 모든 일에 넉넉하여 너그럽게 연보를 함은 그들이 우리로 말미암아 하나님께 감사하게 하는 것이라 이 봉사의 직무가 성도들의 부족한 것을 보충할 뿐 아니라 사람들이 하나님께 드리는 많은 감사로 말미암아 넘쳤느니라(고후 9:6-12).

'공진단'이 좋은 보약인 것을 아는 사람은 다 안다. 비싸서 못 먹는 사람은 있어도, 수중에 생긴 공진단을 안 먹는 사람은 없다.

내가 〈공진단 만들기 클래스〉를 통해서 재료비만으로 공진단을 공급하다 보면 여러 사람을 보게 된다. 그 가운데 많은 아내가 남편에게 공진단을 선물한다. 이런 분들은 참 대단하다. 좋은 보약을 오직 남편만을 위해 만들고 선물하다니 말이다.

클래스에 참여하여 공진단을 만든 아내는 정작 먹지 않고 만들지도 않은 남편이 다 먹었다는 이야기를 많이 들었다. 이

것이 끝이 아니다. 아내에게 단 한 알도 권하지 않고 오롯이 다 먹은 남편이 어떻게 하든 더 구해 오라고 해서 클래스에 다시 참여했다는 여성 참가자도 많다.

요즘 "안 먹어 본 사람은 있어도, 한 번만 먹는 사람은 없다"라는 말이 유행이다. 이 말은 공진단에도 고스란히 적용된다. 공진단은 형편만 되면 얼마든지 먹고 싶을 만큼 그 효능이 탁월하다.

그러나 실상 먹어 보지 못한 사람이 태반이다. 구하기가 만만치 않기 때문이다. 일반적으로 공진단을 한번 먹고자 하면 한의원을 방문해야 한다.

한의원이 아니면 일반 마트에서 판매하는 공진단을 구매하는 것이 한 방법이다. 마트에서 구입하는 공진단은, 공진단을 이루고 있는 약재의 성분을 꼼꼼히 살펴보아야 한다.

내가 한번은 버지니아주에서 〈공진단 만들기 클래스〉를 앞두고 담당 목사님의 연락을 받았다. 클래스에 참여하기로 한 어느 분이 마트에 갔는데 클래스에서 말한 재료비만큼 저렴한 공진단을 판매하는 것을 보았다고 했다.

나는 그 공진단의 사진과 무슨 약재가 얼만큼 들어갔는지에 대한 성분표를 보내 달라고 했다.

우선, 공장에서 대량으로 만들어 마트에서 팔고 있는 그 공진단의 용량은 3.75그램이었다. 〈공진단 만들기 클래스〉를 통해 만드는 공진단의 용량은 정확히 5그램이다. 사실 전자저울로 잴 때 정확히 5그램을 맞추는 데 시간이 걸리기 때문에 오히려 5그램을 약간 넘기도 한다.

만약 〈공진단 만들기 클래스〉에서 재료비를 줄이려면 용량을 줄이면 된다. 그러나 그렇게 하지 않는다. 바람직하지 않기 때문이다. 항상 정직하게 한다.

마트에서 판다는 그 공진단은 용량만 적은 것이 아니었다. 내용물을 보니 참으로 잡다한 약재가 들어가 있었다.

약재용으로 등급이 분류된 약재가 아닌 일반 식품으로서의 약재가 들어가는 경우도 허다하다. 일반인은 약재의 가격을 잘 모르기에, 이런 식품으로 분류된 약재라도 많이 들어가면 좋은 줄로 여긴다. 그런데 값싸고 식품으로 분류된 약재가 많이 들어가면 자연스럽게 비싸고 좋은 약재의 용량은 줄어든다.

공진단을 만들면서 방부제 성분을 넣지 않는 것이 좋다. 나는 꼭 들어가야 할 비싼 약재가 다 들어가고 나면 최대한 빠른 시간 안에 먹기를 권한다. 왜냐하면, 생약재로 만들었으므로 냉장고의 냉장 칸에 보관하더라도 가급적 빨리 먹는 것이 좋기 때문이다. 공장에서 만들어 마트에서 파는 공진단의 경우 유효기간이 상상을 뛰어넘을 정도로 긴 경우도 있다.

이 모든 것을 현명하게 배워 알고 먹는 것이 중요한 시대를 살아가고 있다. 일반적으로 공진단은 아침 혹은 저녁에 먹기를 권한다. 여기에 더해서 나는 괜히 아껴 먹거나 오래 두면 좋지 않다고 말한다. 공진단은 가끔 한 알씩 먹는 그런 보약이 아니다.

아무튼 좋고 비싼 약재를 가지고 〈공진단 만들기 클래스〉를 통해 만든 공진단은 많은 참가자의 사랑을 받고 있다. 먹어 보고 효과를 보면 연락이 온다. 그러나 개인적으로는 절대 판매하지 않는다. 클래스를 통해 영혼 구원과 하나님의 사랑을 나누는 것이지 결코 장사를 위한 것이 아니기 때문이다.

이 같은 이유 때문에 성도 스스로 자기가 사는 지역교회에서 〈공진단 만들기 클래스〉가 있을 때 소문을 듣고 개인적으로 찾아오는 일이 있다. 이런 경우에는 말릴 수가 없다. 공진단이 너무 필요해서 다른 교회 성도라 할지라도 참가 신청을 하고 찾아오는 것이니, 내 입장에서 뭐라 할 수는 없다.

그나마 다행인 것은 이런 분이 클래스에 참여하여 본인의 경험담을 말해 주면 내가 백 마디 하는 것보다 더 설득력이 있다는 것이다. 사람을 믿기 힘든 시대다 보니, 내가 아무리 목회자라 할지라도 의심하기는 다를 것이 없다. 더군다나 돈이 오가는 것이니 더 믿기가 힘들 터이다. 그러다 보니 직접 먹어 본 사람의 경험담에는 더 힘이 실리는 법이다. 본인이 직접 경험하게 되면 그보다 더 힘 있는 증거가 없다.

아내의 권유로 먹어 본 공진단이 효과를 발휘하니 이내에게 단 한 알도 주지 않고 먹었다는 남편들을 심심찮게 만나게 된다. 그들의 이야기를 들으면 '아무리 그래도 반씩 나눠 먹지' 하며 속으로 웃게 된다.

그런데 사실 반씩 나눠 먹지 않는 게 더 효과적일 수도 있다. 왜냐하면, 보약이라는 것이 어느 정도 양을 채워 먹어야 그 효력을 발하는 경우가 많기 때문이다. 그래서 한의원에서는 보통 한 달치 정도를 먹으라고 권한다. 클래스에 참여하는 분들은 보통 삼십 환 정도를 만들고 구매한다. 그러니 이것을 남편과 아내가 나누면 열다섯 환 정도밖에 되지 않는다. 물론, 사람에 따라 개인차가 있지만 효과가 없다고 하는 분들은 이보다도 훨씬 적게 먹어 본 분이 대다수이다.

심지어는 '우황청심환'처럼 심장이 벌렁거리거나 엄청 피곤할 때만 한 번씩 먹었는데 별 효과가 없다고 말하는 사람도 있다. 공진단에 대해 잘못 알고 있는 것이다. 공진단은 가급적 매일 꾸준하게 먹는 것이 좋다. 몸에 큰 이상이 없다 할지라도 건강할 때 꾸준히 먹는 것이 가장 좋다.

나는 〈공진단 만들기 클래스〉를 통해 할 수만 있다면 많은 분이 공진단으로 건강을 유지하거나 회복하기를 원한다. 이것이 클래스를 통한 나눔의 이유이고 목적이다.

〈공진단 만들기 클래스〉의 하이라이트는 아무래도 태신자 선물용 공진단 다섯 환 패키지가 되겠다. 예쁘고 깜찍하면서도 고급스러운 케이스 안에, 번쩍번쩍 빛나는 병에 공진단을 담아 선물할 수 있도록 돕고 있다.

복음도 스스로 경험해 보아야 다른 사람에게 전할 수 있는 것처럼, 공진단도 마찬가지다. 내가 먼저 먹어 보고 정말 좋은 것을 경험해야 나눌 수 있게 된다. 평소 마음에 품고 기도하던 태신자를 위해 귀한 보약을 정성껏 담아 전할 때 진한 감동이 주는 이와 받는 이에게 생기게 된다.

복음을 나누고, 공진단을 나누자.

나눌 때 그 기쁨은 배가 될 것이다!

🌑 일단 잡사 봐!

저녁에는 메추라기가 와서 진에 덮이고 아침에는 이슬이 진 주위에 있더니 그 이슬이 마른 후에 광야 지면에 작고 둥글며 서리 같이 가는 것이 있는지라 이스라엘 자손이 보고 그것이 무엇인지 알지 못하여 서로 이르되 이것이 무엇이냐 하니 모세가 그들에게 이르되 이는 여호와께서 너희에게 주어 먹게 하신 양식이라 여호와께서 이같이 명령하시기를 너희 각 사람은 먹을 만큼만 이것을 거둘지니 곧 너희 사람 수효대로 한 사람에 한 오멜씩 거두되 각 사람이 그의 장막에 있는 자들을 위하여 거둘지니라 하셨느니라 이스라엘 자손이 그같이 하였더니 그 거둔 것이 많기도 하고 적기도 하나 오멜로 되어 본즉 많이 거둔 자도 남음이 없고 적게 거둔 자도 부족함이 없이 각 사람은 먹을 만큼만 거두었더라(출 16:13-18).

〈공진단 만들기 클래스〉는 참가자들의 시각과 청각뿐만 아니라 미각을 자극하기에도 충분하다 할 수 있겠다. 클래스가 시작되면 먼저 공진단을 먹어 보게 한다. 참가자들이 많으면 많을수록 사실 공짜로 나누는 공진단의 재료비도 만만치 않다.

그런데도 나누는 이유는 분명하다. 무엇보다 참가자들이 만들게 될 공진단의 샘플을 미리 먹어 봄으로써 입이 열리고 마음이 열리도록 돕기 위해서다.

가끔은 샘플로 먹은 공진단이 바로 효과를 발휘하는 경우도 있다. 소위 약발이 잘 받는 분들이 있다. 아주 피곤한 상태에서 클래스에 참여한 분들이 새로운 힘이 나는 것을 경험하게 된다. '공진단'의 여러 효능 중에 기력 회복은 잘 알려져 있다.

〈공진단 만들기 클래스〉에 참여하는 참가자들 대부분이 참 바쁘게 살아가는 분들이다. 그러니 피곤하다. 피곤을 풀면서 살기가 힘드니 피로가 계속 쌓이고, 그러다가 만성피로에 시달린다.

몸만 피곤한 게 아니다. 눈도 피곤하기는 매한가지다. 요즘 애고 어른이고 스마트폰을 달고 산다. 눈이 점점 나빠지는 것은 물론이고, 눈의 안압도 올라가고 나중에는 머리까지 아프다.

상황이 이쯤 되니 〈공진단 만들기 클래스〉에 들어오는 분들 중에 피곤하지 않은 분이 없다. 그러니 공진단이고 뭐고 별생각이나 기대 없이 들어와 앉아 있는 분도 있다.

나는 이런 참가자들의 상태를 모르지 않기 때문에 재료비를 생각지 않고 샘플 공진단을 클래스를 시작하면서 나눠 드린다. 꼭꼭 씹어 드시라고 한다.

공진단을 만들러 왔다가 먼저 공진단을 먹게 된다. 기대 없이 왔다가 공짜로 공진단을 먹으니 기분이 좋아지고 클래스 분위기도 상당히 좋아진다. 사실 이때부터 본격적인 〈공진단 만들기 클래스〉가 시작된다.

시키지도 않았는데, 공진단으로 입이 열리자 마음이 열려서 참가자 자신의 이야기를 자연스럽게 하기 시작한다. 누가 강요하거나 묻지도 않았는데 자기가 어떻게 미국에 왔고, 지금 어떤 일을 하며, 본인의 가족은 어떠한지 자연스럽게 나누기 시작한다.

그것도 한 번도 만난 적이 없었고 알지 못하는 사람들 사이에서, 처음 방문한 교회라는 공간에서 자기를 솔직히 드러내는 이변이 일어난다. 요즘 시대에 이 같은 현상은 쉽게 볼 수 있는 일이 아니다. 더욱이 내가 살고 있는 미국, 개인 프라이버시를 중요하게 생각하는 미국에서 말이다. 이것이 공진단이 주는 효과다.

어느 모임이나 새로운 장소에 가면 이렇게 권하는 경우를 많이 본다.

"커피 드실래요?"

권하는 것이 커피이건 물이건 줄 때마다 다 받는 건 아니다. 어떤 때는 한국인의 정서 때문에도 예의상 한두 번은 거절한다. 물론, 진짜 거절하고 싶어 거절하는 경우도 적지 않다.

그런데 지금까지 〈공진단 만들기 클래스〉에서 샘플 공진단을 거절하는 참가자를 본 적이 없다. 심지어 실수로 땅에 떨어뜨린 공진단도 주워 가져간다. 비싸고 좋은 것임을 알기 때문이다. 바로 이것이 공진단의 파워다.

권하면 입이 열리고, 먹으면 마음이 열린다!

🌏 겁나게 맛나게 보이노만잉!

> 여호와는 나의 목자시니 내게 부족함이 없으리로다 그가 나를 푸른 풀밭에 누이시며 쉴 만한 물가로 인도하시는도다 내 영혼을 소생시키시고 자기 이름을 위하여 의의 길로 인도하시는도다 내가 사망의 음침한 골짜기로 다닐지라도 해를 두려워하지 않을 것은 주께서 나와 함께하심이라 주의 지팡이와 막대기가 나를 안위하시나이다 주께서 내 원수의 목전에서 내게 상을 차려 주시고 기름을 내 머리에 부으셨으니 내 잔이 넘치나이다 내 평생에 선하심과 인자하심이 반드시 나를 따르리니 내가 여호와의 집에 영원히 살리로다(시 23:1-6).

내가 목회하는 교회에서는 〈공진단 만들기 클래스〉가 끝나면 준비된 식사가 나온다. 물론, 엄청난 식사가 나오는 것은 아니다. 주로 우동과 김밥과 같은 분식류가 나온다.

그런데 깔끔하게 준비된 식사는 많은 참가자에게 또 다른 감동을 선사한다. 비싼 공진단을 재료비만으로 구입하고, 거기에 맛있는 식사까지 나오니 마음이 열리기에 충분한 것이다. 목회자라면 입이 열려야 마음이 열린다는 말의 의미에 충분히 공감하리라 생각한다.

〈FISH 전도법〉에서 두 번째 단계인 I(invite)의 단계는 '초대'를 가리킨다. 전도자 자신을 태신자에게 소개하기 위해 무엇보다 좋은 방법이 바로 '초대'이다. 초대하여 식탁의 교제를 나누는 것이 관계 형성에 얼마나 좋은지 모른다.

일반적으로 사람은 귀하게 대접받을 때 자존감이 올라간다. 세상에서 자존감이 지켜질 만한 대접을 받는 것이 쉽지 않다. 더군다나 미국이라는 이민의 현실 세상에서는 누군가로부터 초대받아 귀한 대접을 받기가 어렵다. 이런 상황 속에서 귀한 보약인 '공진단'을 함께 만들고, 이어서 준비된 식탁에서 대접받는 일은 받는 사람 입장에서는 참으로 고마운 일이다.

사실 〈공진단 만들기 클래스〉는 약 두 시간 정도 소요된다. 이 시간을 통해 나눌 수 있는 이야기는 한계가 있다. 관계를 형성하기에는 여전히 부족함이 따른다. 그런데 클래스 이후에 준비된 식탁 교제를 통해 조금 더 깊은 관계를 형성할 수 있다.

식사를 같이 하는 사람을 가족이라 부르지 않는가?

함께 식사를 하는 것이 참으로 중요하다. 실제 식탁의 교제를 잘하고 나면 교회를 다녀 보겠다고 결단하는 사람도 나온다. 식탁 교제에서 친밀감을 나눴기 때문이다.

전도를 위한 이벤트로 〈공진단 만들기 클래스〉를 기획하는 교회들은 각각의 형편을 따라 참여하는 태신자들을 위해 식탁을 마련할 수 있을 것이다. 꼭 엄청난 수고와 헌신이 아니더라도 마련된 식탁의 교제를 통해 하나님의 사랑을 얼마든지 나눌 수 있다.

요즘에는 일반 패스트푸드 전문점에서도 출장 서비스를 해 준다. 가격도 그 나름대로 저렴하고 음식도 그리 나쁘지 않다. 종류도 참 다양해서 얼마든지 구색을 맞춰 식탁을 차릴 수 있다.

내가 〈공진단 만들기 클래스〉 후에 이런 식탁을 베푼다는 것을 알게 된 단골 참가자는 다음 클래스에 오면서 본인이 직접 담근 김치를 가져오거나 김밥을 싸 오기도 했다. 아예 식탁을 본인이 다 차리겠다고 말하는 참가자도 있었다.

왜일까?

그 이유는 분명 본인이 받은 대접에 대한 감사하는 마음 때문일 것이다. 사람은 본인이 대접을 받거나 사랑을 받게 되면 다른 사람들에게도 받은 대접과 사랑을 나누고 싶어 한다. 누가 시키지도 않았는데, 그저 하나님의 사랑으로 대접했을 뿐인데, 보답하는 분들이 있다. 이런 분들을 통해 〈공진단 만들기 클래스〉가 단순한 클래스로 끝나지 않고 연이은 감사와 보답으로 풍성해지는 이벤트임을 알게 된다.

🌑 이게 끝이 아니어라!

그 후에 열한 제자가 음식 먹을 때에 예수께서 그들에게 나타나사 그들의 믿음 없는 것과 마음이 완악한 것을 꾸짖으시니 이는 자기가 살아난 것을 본 자들의 말을 믿지 아니함일러라 또 이르시되 너희는 온 천하에 다니며 만민에게 복음을 전파하라 믿고 세례를 받는 사람은 구원을 얻을 것이요 믿지 않는 사람은 정죄를 받으리라 믿는 자들에게는 이런 표적이 따르리니 곧 그들이 내 이름으로 귀신을 쫓아내며 새 방언을 말하며 뱀을 집어 올리며 무슨 독을 마실지라도 해를 받지 아니하며 병든 사람에게 손을 얹은즉 나으리라 하시더라(막 16:14-18).

나는 〈FISH 전도법〉 세미나와 〈공진단 만들기 클래스〉를 마친 교회와 담임목회자들에게 추후 필요에 따라 보약에 대한 도움을 드리기도 한다. 한의원에서 한의사가 진맥을 통하여 조제해야 하는 탕약에 대해서는 도움을 드리지 못하지만, 수천 년 동안 내려온 원방에 근거한 보약(예를 들어, 십전대보탕, 녹용대보탕, 쌍화탕, 생맥산 등등)은 재료비만으로 필요한 분들에게 지원해 드릴 수 있다.

물론, 내 입장에서 보약을 받아 오거나 전달하기 위해 운전을 하며 시간을 쓰거나 우체국에 가서 택배를 보내는 일은 수고스럽다. 그렇지만 이 또한 영혼을 살리고 사람을 구하는 일이라 생각하며 즐겁게 감당하고 있다.

입이 열리면 마음이 열린다는 말은 결코 빈말이 아니다. 이 말은 영혼 구원에도 고스란히 적용된다. 태신자들의 마음을 여는 것은 참으로 중요하다. 그들의 입을 먼저 여는 것 또한 참으로 중요하다.

〈공진단 만들기 클래스〉는 참가자들의 입을 열어, 마음을 열 수 있도록 디자인된 클래스다. 사실 목회하다 보면 병든 분, 몸이 약한 분을 의외로 많이 만나게 된다. 그런 경우 목회자로서 안타까움과 함께 무기력감을 느끼기도 한다.

신유의 은사가 있어 기도만 하더라도 치유가 되는 기적이 일어난다면 얼마나 좋을까?

사실 이런 신유의 은사가 있는 목회자들이 얼마나 되겠는가?

이런 경우, '보약 목회'가 참 도움이 된다.

일반적으로 성도 가정을 심방하거나 태신자 가정을 방문할 때 액자나 과일, 음료수 같은 것을 선물한다. 그런데 한약 박스에 담긴 쌍화탕이나 십전대보탕과 같은 보약을 준비해 가면 받는 이가 감탄하고 감동하는 것을 많이 본다. 출산한 가정에도 용도에 맞는 보약은 다른 무엇과 비교할 수 없는 감동을 준다. 말 그대로 입이 열리니 마음도 열리게 된다.

다시 한번 강조하지만 이런 목회가 가능한 것은 내가 한의약 업계에서 묵묵히 일해 온 경력과 장사꾼이 아닌 신실한 목회자로서 이 같은 사역을 하겠다는 약속을 지켜 나가는 모습 때문이다.

우리 교회에 아기를 낳은 젊은 제자 가정이 있었고, 또 연세 많은 성도의 손주가 태어난 일도 있었다. 나는 산모의 어혈을 빼 주고 기력 회복에 도움이 되는 보약을 주문해 선물했다. 받는 사람의 입장에서는 감동받기에 충분하다. 목사인 내가 산후조리원으로 직접 한약 선물 박스를 가져다주고 기도해 준 적도 있다.

나 스스로를 자랑하려는 것이 아니라, 보약 목회를 통해 성도들과 비신자들에게 하나님의 사랑을 나누고 섬기는 것이 가능하다는 것을 알려 주려는 뜻이다.

물론, 이런 비용을 교회나 혹은 누군가가 주는 것은 아니다. 목회자로서 가진 것은 별로 없지만 그저 사랑의 마음으로 한다.

전도할 때도 마찬가지 아니겠는가?

전도자가 꼭 돈이 많고 가진 것이 차고 넘쳐야 전도할 수 있는가?

그저 내가 받은 사랑이 감사하여 다른 이들과 나누다 보면 하늘로부터 채워짐이 있고, 감당할 수 있는 힘도 받게 된다.

〈FISH 전도법〉에서 가르치는 것처럼 내 주머니를 열어 하나님의 사랑을 나누면 그 빈 주머니를 하늘에 계신 아버지께서 채우신다는 믿음이 이런 일을 가능하게 한다.

06

오메, 공진단 클래스이어라!
Gongjindan Class

🟤 공진단 클래스가 만들어지기까지!

너희 중에 누구든지 지혜가 부족하거든 모든 사람에게 후히 주시고 꾸짖지 아니하시는 하나님께 구하라 그리하면 주시리라 오직 믿음으로 구하고 조금도 의심하지 말라 의심하는 자는 마치 바람에 밀려 요동하는 바다 물결 같으니 이런 사람은 무엇이든지 주께 얻기를 생각하지 말라 두 마음을 품어 모든 일에 정함이 없는 자로다(약 1:5-8).

이미 앞에서 언급했듯이, 나는 영혼 구원을 위한 전도법을 만들고서 성도 개개인의 제자화를 위한 세미나 활동을 통해 전도 운동을 펼치고 있었다.

〈FISH 전도법〉이 성도 개개인을 위해 디자인된 전도 훈련이라고 한다면 〈공진단 만들기 클래스〉는 이 〈FISH 전도법〉을 녹여 만든, 교회공동체를 위한 실전 프로그램이라 할 수 있겠다.

〈FISH 전도법〉은 총 네 가지 큰 콘셉트로 구성되어 있다. 간단하게 설명한다면, F(find)는 태신자를 찾고, I(invite)는 태신자를 초대하고, S(sharing)는 태신자와 삶을 나누고, H(help)는 태신자의 영육의 필요를 채우는 것을 의미한다.

성도 개인적으로 주변에 존재하는 태신자를 찾아 그를 가슴에 품고, 그를 초대하여 만나고, 그와 삶을 나누되 그의 삶과 문화와 형편에 공감하면서, 그의 영과 육의 필요를 채워주며 하나님의 사랑과 복음을 나누는 전도법이다.

이 전도법은 누구라도 즐겁게 당장이라도 전도할 수 있게 도움을 준다. 교회에서 목회자들로부터 이 간단한 콘셉트로 훈련받으면 두려움 없이 전도할 수 있게 된다.

그런데 이런 개인적인 전도 운동을 교회공동체적으로 할 필요를 언젠가부터 깨닫게 되었다. 다른 일들처럼 전도도 공동체적으로 접근하고 다 함께 동역할 때 시너지가 크다는 것을 경험하게 되었다.

나는 섬기는 교회에서 이 〈공진단 만들기 클래스〉를 조그맣게 시작했다. 그저 하나님의 사랑을 나눈다는 의미에서 교회가 재정을 거의 부담했다. 개척교회가 무슨 재정적 여유가 있다고 그랬는지 지금 생각해도 참 겁이 없었던 것 같다.

아무튼 돈과 수고를 아끼지 않고 열심히 〈공진단 만들기 클래스〉를 운영했다. 물론, 이 수고를 귀하게 여기는 분이 대부분이지만 그렇지 않은 분도 심심찮게 있었다.

복음이 공짜이다 보니, 받아들이지 않는 사람이 많다. 장대에 달린 놋 뱀을 보기만 해도 구원을 받는데도 보질 않는 것이 죄인 된 인간의 속성이다.

그 비싼 보약인 공진단을 클래스를 통해 재료비만으로 나누는데도 감사는 둘째 치고 의심하는 경우가 빈번했다. 이때 내가 느꼈던 피로감과 무기력감은 지금도 잊히질 않는다.

건강한 자에게 의원이 필요 없듯이, 공진단의 효능을 알지 못하거나 알려고 하지 않는 사람에게는 공진단이 대수롭지 않은 것일 뿐만 아니라 그 좋은 보약을 통해 전도할 수 있다는 메시지 또한 효력이 없는 것으로 받아들여졌다.

더 나아가 〈공진단 만들기 클래스〉를 통해 하나님의 사랑과 복음은 열심히 나누었지만 교회 성도가 늘어나는 보상(?)은 전혀 받질 못했다. 오히려 함께했던 교회 성도들의 호응이 사라졌다. 거저 퍼 주는 사역에 동참하기 어려웠기 때문이다.

외면과 고립 속에 스스로의 자존감도 무너지게 되었다. 계속 이 사역을 펼치는 것이 가능할까 스스로 대답 없는 질문을 던졌다. 사람을 살리고 영혼을 구원해 보셨다고 시작한 이 사역이 이리도 호응을 얻지 못하고 열매가 없는 것처럼 보이니 확신도 점점 사라져 가고 있었다. 그때 뜻하지 않은 만남이 있었다.

내가 리버티대학교(Liberty University)에서 상담학을 전공할 때 많은 목사님과 교제할 기회가 있었다. 그중 전재성 목사와는 한 방을 쓰며 많은 시간을 함께했다. 그는 평소에도 컴퓨터와 관련하여 너무나 많은 도움을 내게 주었는데, 마침 한국을 방문하는 길에 내가 있는 남가주를 들렀다 가겠다고 했다.

아직 반듯하게 세워지지 못한 개척교회를 섬기는 나의 입장에선 많은 부분 부끄럽고 부담스러웠다. 성도가 많고 교회가 성장하고 부흥했다면 전혀 문제가 되지 않았겠지만 내세울 것이 없으니 인간적인 마음으로 참 난감했다.

그때 나의 아내가 말했다.

"우리, 전 목사님을 지극정성으로 섬겨 보아요."

그래서 내가 사는 동네에서 가장 좋은 호텔을 예약하고 맞이할 준비를 했다. 전 목사가 남가주에 오면 평소 친분이 있어 내가 형님으로 모시는 목사님의 교회에서 새벽기도회 설교를 하도록 미리 부탁했다. 물론, 우리 교회에서도 주일예배 설교를 부탁했다. 지나고 보니 이 모든 준비의 숨겨진 이면에 하나님께서 〈공진단 만들기 클래스〉를 통한 전도 운동을 전 미주로 확장해 가시려는 계획이 있었던 것 같다.

밤늦게 워싱턴 D.C.로부터 도착한 전 목사와 나는 한식으로 배를 채우고 예약한 호텔로 갔다. 이미 자정이 넘어 있었다.

다음날 이른 새벽, 기도회를 위해 호텔에서 전 목사를 태우고 30분을 이동했다. 새벽기도회가 참으로 뜨거웠다. 전 목사의 설교는 간절했다. 모인 성도와 함께 뜨겁게 기도했다. 그뿐이 아니었다. 기도회 후에 쉼 없이 영혼 구원과 전도에 대한 대화가 오고 갔다.

그러고 나서 예정되어 있던 〈공진단 만들기 클래스〉를 우리 교회에서 전 목사와 함께 진행했다. 그런데 전 목사의 몸이 심상치 않았다. 그는 평소에도 눈의 피곤함을 많이 느꼈는데, 전날에 비행기를 타고 여행한 데다가 늦은 시각 숙소에 들어가 잠을 얼마 자지 못하고 새벽 일찍 나와서 말씀을 전한 까닭에 피곤이 극에 다다랐다.

그때 공진단이 일하기 시작했다. 전 목사는 공진단 샘플을 먹고서 얼마 지나지 않아 그렇게 피곤했던 눈이 잘 뜨이고 피곤이 사라졌다고 했다. 이런 경험은 〈공진단 만들기 클래스〉 이후 계속된 일정 속에서도 지속되었다. 그는 그 방문을 통해 공진단의 약효를 제대로 경험했다.

말로만 듣던 공진단의 효능을 직접 경험하고 대화를 통해 〈FISH 전도법〉에 대해 제대로 알게 된 전 목사는 실망과 무너진 자존감으로 스스로 고립된 나에게 한마디 도전을 던졌다.

"목사님, 이 〈FISH 전도법〉과 〈공진단 만들기 클래스〉가 목사님 교회와 성도들이 해서 안 됐다고 다른 데서도 안 될 것 같지 않습니다.

이 전도법과 전도 운동을 다른 목사님들과 다른 교회들과 나누고 협력하면 어떨까요?"

이 도전이 거의 무너졌던 나에게 얼마나 큰 위로이자 격려가 되었는지 모른다.

전재성 목사는 단순히 도전만 준 게 아니다. 함께하겠다고 했다. 함께 이 운동을 펼쳐 보자고 했다. 지금까지도 그는 물심양면으로 나와 〈FISH 전도법〉을 돕고 있고 함께하고 있다. 이 전도법과 클래스가 현재 남가주를 넘어 미주 전역 곳곳에 전해질 수 있게 된 결정적인 도전과 역할을 그가 해 주었다.

이런 도움이 어디 전 목사뿐이었겠는가?

이 전도법이 남가주를 넘어 다른 주를 향해 나아가는 데 치노밸리 아름다운교회 담임목사인 조준민 목사의 역할도 언급하지 않을 수 없다. 기도를 포함하여 물심양면으로 도움을 주었고, 그 도움이 있었기에 현재 사역이 펼쳐지고 있음을 부인할 수 없다.

또한, 지금까지 수많은 목회자의 동역과 사려 깊은 섬김이 있었기에 이 사역이 멈추지 않고 여기까지 올 수 있었다. 특히, 지역교회 목사님들의 기도 모임인 '콜투지'(call to Jesus) 목사님들의 중보와 위로와 격려가 이 〈FISH 전도법〉과 〈공진단 만들기 클래스〉가 있기까지 큰 힘이 되었음을 고백한다. 이 자리를 빌어 빛 없이, 이름 없이 도와주신 모든 동역자에게 감사의 마음을 전한다.

🌑 이상한 사람 아니어라!

> 너희는 세상의 소금이니 소금이 만일 그 맛을 잃으면 무엇으로 짜게 하리요 후에는 아무 쓸데 없어 다만 밖에 버려져 사람에게 밟힐 뿐이니라 너희는 세상의 빛이라 산 위에 있는 동네가 숨겨지지 못할 것이요 사람이 등불을 켜서 말 아래에 두지 아니하고 등경 위에 두나니 이러므로 집 안 모든 사람에게 비치느니라 이

같이 너희 빛이 사람 앞에 비치게 하여 그들로 너희 착한 행실을 보고 하늘에 계신 너희 아버지께 영광을 돌리게 하라(마 5:13-16).

우여곡절 끝에 많은 동역자의 도움으로 이 〈공진단 만들기 클래스〉는 가정이든 교회이든 하나님의 사랑을 나눌 수 있는 전도 프로그램으로 자리잡게 되었다.

가장 좋은 순서는 〈FISH 전도법〉 세미나를 통해 모든 성도가 어떻게 전도할 것인가에 대한 도전을 받고, 그 후에 〈공진단 만들기 클래스〉를 통해 실제 교회공동체적으로 전도 실전 프로그램을 경험하는 것이다.

〈FISH 전도법〉 세미나는 한 시간으로 구성되었고, 〈공진단 만들기 클래스〉는 두 시간으로 구성되었다. 물론, 교회의 상황과 형편에 따라 이 두 가지를 다 할 수도 있고, 둘 중 어느 것이라도 먼저 선택하여 할 수도 있다.

가능하다면 하루에 세미나와 클래스 둘 다 진행하는 것이 좋다. 아무래도 둘 다 해 보는 것이 효과가 크긴 하다. 물론, 시간적으로 총 세 시간 가까이 소요되는 것이 부담스러울 수는 있겠지만, 세미나는 이론적인 데 반해 〈공진단 만들기 클래스〉는 직접 참여하여 경험하는 것이고 성도 대부분이 한 번도 경험해 보지 못한 분야라 다들 재미있어 한다.

그렇지만 아무리 세미나와 클래스를 알차게 잘 준비했다 하더라도 직접적인 친분 없이 소위 한 다리를 넘어 아는 다른 목회자들과 성도들에게 〈공진단 만들기 클래스〉를 권하고 필요를 납득시키는 일은 내가 넘어야 할 또 다른 산이었다. 이 클래스가 일반인(목회자와 성도 포함)에게는 너무나 생소한 분야이기에 쉽게 받아들이기가 힘든 것이 당연했다.

일반적으로 〈공진단 만들기 클래스〉에 대해 들으면 사람들이 가지는 생각과 반응은 비슷하다.

"무슨 목사가 공진단을 만들어?"

"교회에서 무슨 공진단을 만들어?"

목회자와 성도 대부분이 이런 질문과 의문으로 부정적으로 반응한다. 공진단은 한의원에서 한의사를 통해 먹어야지 잘못 먹으면 큰일 난다는 말을 덧붙이기도 한다.

물론, 이런 질문과 의심은 나의 경력에 대해 모르고, 또 공진단에 대해 잘 모르기 때문에 생긴다. 그래서 꼭 자세한 설명을 먼저 해 주어야 한다.

사실 공진단을 만드는 방법은 이미 인터넷에서 어렵지 않게 찾을 수 있다. 유튜브에도 관련 영상이 많이 소개되어 있다.

공진단은 원방을 따라 사향, 녹용, 산수유, 당귀 총 네 가지의 약재로 만들어진다. 이 원방은 누군가가 독점하는 것이 아니다. 꼭 한의원에서만 만들어야 하는 것이 아니고, 면허를 가진 한의사만 만들 수 있는 것도 아니다. 다만 일반인은 이런 약재를 구하기가 어렵고, 또 어렵게 구한다 할지라도 그 가격이 만만치 않기에 하지 못할 뿐이다. 약재 구입과 비용 문제를 해결한다 해도 공진단을 빚는 데 시간과 수고를 들여야 하기에 일반인이 시도하기엔 여전히 어려움이 많다.

이런저런 이유로 한의사도 직접 공진단을 조제하지 못하는 경우가 많다. 물론, 고가의 공진단을 구매하고자 하는 고객(환자)이 많아 돈이 많이 벌린다면 한의사 입장에서 공진단 조제를 마다하지 않겠지만, 실상 이런 고가의 보약을 찾는 경제적으로 여유 있는 고객이 생각보다 많지 않다. 그래서 공진단을 직접 조제하는 한의사나 한의원이 많지 않은 것이 현실이다.

공진단은 수천 년을 이어 오면서 수많은 사람에게 도움을 주었고 지금도 사랑받는 보약 중의 보약이다. 실제 〈공진단 만들기 클래스〉를 통해 공진단을 경험한 많은 분의 체험담이 차고 넘친다.

물론, 개인차가 있기에 공진단 한 알에도 놀라운 반응을 경험하는 분도 있지만, 그보다 많은 양을 먹어야 반응이 오는 분도 있다.

분명한 것은 먹고 싶어도 돈이 없어 못 먹는 것이지, 효능이 없는 것이 아니라는 사실이다.

개인차는 있을 수 있어도, 지금까지 사람의 체질이나 몸 상태에 크게 지장받지 않고 꾸준히 인정받는 보약이 바로 공진단이다.

한의약 업계에서 수년간 일하면서, 또한 공진단을 연구하고 실제 많은 사람과 스스로에게 나타난 임상 효과를 경험하면서 체득한 보약 중의 보약인 공진단에 대한 확신과 신뢰 없이 어찌 이 사역을 감히 펼치겠는가!

자네, 비즈니스 해 볼 생각 없는감?

> 예수께서 이 열둘을 내보내시며 명하여 이르시되 이방인의 길로도 가지 말고 사마리아인의 고을에도 들어가지 말고 오히려 이스라엘 집의 잃어버린 양에게로 가라 가면서 전파하여 말하되 천국이 가까이 왔다 하고 병든 자를 고치며 죽은 자를 살리며 나병 환자를 깨끗하게 하며 귀신을 쫓아내되 너희가 거저 받았으니 거저 주라 너희 전대에 금이나 은이나 동을 가지지 말고 여행을 위하여 배낭이나 두 벌 옷이나 신이나 지팡이를 가지지 말라 이는 일꾼이 자기의 먹을 것 받는 것이 마땅함이라 (마 10:5-10).

교회를 개척하고 4년이 지났다. "쥐구멍에도 볕 들 날"은 있어도 개척교회에 성도 올 일은 없는 것 같다. 능력 없는 목사라 생각할 수도 있겠고 혹은 작금의 상황을 측은히 여기는 사람도 있으리라 생각한다.

교회 상황만 그런 게 아니다. 주위의 격려로 첫 저서 『FISH 전도법』을 냈지만 책을 썼다고 해서 딱히 달라진 게 없다.

물론, 책 덕분에 불러 주는 곳(교회)이 조금 있긴 하다. 세미나 혹은 〈공진단 만들기 클래스〉를 통해 책 이야기를 할 곳은 많다. 그렇지만 성격상 대놓고 책을 홍보하지 못한다. 심지어 내 책을 가지고 다니지도 않았다.

나는 최근까지 두 직업 목사(bi-vocational pastor)로서 이민 생활 중 열심히 일하지 않은 날이 없을 정도로 성실하게 살아왔다. 목회와 사역에 집중하려는 마음으로 일을 그만둔 지 사실 얼마 되지 않았다. 지금은 사역을 더 견고하게 준비하는 작업을 하고 있다. 글을 쓰며 생각을 정리하고 모양새를 갖추는 일을 하고 있다.

현재 나는 내가 사는 남가주 지역을 중심으로 진도 운동을 펼치면서, 한 달에 한 주 정도는 다른 주로 사역을 나가고 있다.

문제는 다른 주에 갈 때마다 비행기, 숙소와 관련된 비용이 크게 발생한다는 것이다. 이 비용을 나를 불러 주는 교회에 부담 지울 수 없다. 한 영혼 전도하기가 힘들어, 그 방법을 한 번 배워 보겠다고 불러 주는 교회들의 형편을 모르지 않기 때문이다.

다른 주로 사역을 나가게 되면 보통 교통, 숙소, 식사 등에 대한 비용으로 2천 불 이상이 들어간다. 다행히 나의 형편을 아는 목사님들이 중간중간 도움을 준다. 특히, 형님이신 조준민 목사님과 치노밸리 아름다운교회가 지금껏 도움을 주고 있다. 도와주는 분들의 형편을 모르지 않기에 너무나 죄송하고 감사한 마음으로 사역을 떠난다.

발생하는 비용을 거의 신용카드로 계산하다 보면 그 한계가 다 찰 때가 많다. 굳이 이런 이야기를 하는 이유는 내 형편을 누군가가 알아주었으면 하는 마음에서가 아니다. 형편이 이 정도가 되니 주변에서 걱정하는 마음으로 조언을 하거나 달콤한 유혹의 손길을 뻗을 때가 있음을 말하기 위해서다.

나와 가까운 분들은 재료비에 수고비를 더해서 참가자들이 부담하게 하라고 조언한다. 결론을 말하자면, 그럴 수가 없다. 복음의 순수성이 사라지면 나중엔 무엇이 남을지 그 결과를 모르지 않기 때문이다.

사실 〈공진단 만들기 클래스〉를 진행하면서 참가자들로부터 재료비 명목으로 돈을 받는 것 자체로도 얼마나 부담스럽고 손이 오그라드는지 모른다. 목사로서 가장 힘든 때가 돈(재료비)을 받는 순간이다. 그렇지만 재료비를 어찌할 수 없으니 이 부분을 말할 수밖에 없는 처지다.

사역 초기에는 교회가 거의 7할을 감당하고, 나머지 3할 정도를 재료비로 받았고, 거기에 잘 준비된 식사까지 대접했으니 이건 하면 할수록 망하는 길로 걸어왔다. 그런데도 병을 치유하고 대가를 바라지 않으셨던 예수님을 생각하면 왠지 뿌듯하고 즐겁기만 하다.

〈공진단 만들기 클래스〉를 준비하는 모든 교회 목사님들에게도 반드시 강조하는 것이 이 클래스를 통해 '장사'하지 않는다는 점이다. 이 클래스는 공동 구매의 형식으로 필요한 분들만 재료비를 내고 직접 참여해 공진단을 만들어 가는 것임을 강조한다.

이런 정신을 훼손하지 않고 하다 보니, 가는 곳(교회)마다 반응이 얼마나 좋은지 모른다. 아마도 내가 미국 안에서 공진단을 만드는 개수로는 엄청난 사람이 아닐까 생각한다. 책 제목 그대로 '공진단 목사'가 되어 버린 것이다.

그 결과로 공진단 재료를 직수입하는 회사로부터 솔깃한 제안을 듣기도 했다.

"우리 같이 '사업'으로 한번 해 봅시다."

회사의 제안은 한마디로, 앞에서는 남는 게 없는 것처럼 하면서 뒤에서는 남몰래 조용히 리베이트(rebate)를 챙기게 해 줄 테니 그 회사의 제품을 팔게 해 달라는 것이었다.

아무리 목사가 힘들고 어려워도 신앙인의 폼과 양심까지 버릴 수 없진 않은가?

"그런 말씀 다시는 하지 마세요!"

단호하게 말하며 돌아서는 내 모습이 좀 멋있었으려나 모르겠다.

아무튼 이 사역은 돈이 안 되는 사역이다. 애당초 돈이 아닌, 거저 받은 사랑을 거저 나누고자 시작한 사역이다. 이것이 초심이고, 현재 이 사역을 감당하는 나의 마음이다.

잘 아는 것처럼, 사역자의 마지막이 돈 때문에 막장으로 끝나는 경우가 많지 않은가?

하나님의 일을, 영혼을 구하고 사람을 살리는 일을 돈을 보고 해서야 되겠는가?

돈으로 성령을 매수하려 하면 되겠는가?

결국, 돈과 함께 망하는 지경에 이르러야 정신을 차리겠는가?

이런 질문을 수없이 되새기며 하루하루 사역을 준비한다.

> 예루살렘에 있는 사도들이 사마리아도 하나님의 말씀을 받았다 함을 듣고 베드로와 요한을 보내매 그들이 내려가서 그들을 위하여 성령받기를 기도하니 이는 아직 한 사람에게도 성령 내리신 일이 없고 오직 주 예수의 이름으로 세례만 받을 뿐이더라 이에 두 사도가 그들에게 안수하매 성령을 받는지라 시몬이 사도들의 안수로 성령받는 것을 보고 돈을 드려 이르되 이 권능을 내게도 주어 누구든지 내가 안수하는 사람은 성령을 받게 하여 주소서 하니 베드로가 이르되 네가 하나님의 선물을 돈 주고 살 줄로 생각하였으니 네 은과 네가 함께 망할지어다 하나님 앞에서 네 마음이 바르지 못하니 이 도에는 네가 관계도 없고 분깃 될 것도 없느니라(행 8:14-21).

"주님, 비록 제가 사역에 필요한 물질이 없어 발을 동동 구르는 현실 속의 삶을 산다 할지라도 하나님의 선물과 은혜를 돈으

로 사고파는 종교 장사꾼은 되지 않게 하소서. 세상의 유혹과 마음의 탐심으로부터 스스로를 지키게 하셔서 복음과 영혼 구원의 순수성을 지킬 수 있게 하소서."

🌑 아따 성님, 정말 된다게로!

> 사람마다 두려워하는데 사도들로 말미암아 기사와 표적이 많이 나타나니 믿는 사람이 다 함께 있어 모든 물건을 서로 통용하고 또 재산과 소유를 팔아 각 사람의 필요를 따라 나눠 주며 날마다 마음을 같이하여 성전에 모이기를 힘쓰고 집에서 떡을 떼며 기쁨과 순전한 마음으로 음식을 먹고 하나님을 찬미하며 또 온 백성에게 칭송을 받으니 주께서 구원받는 사람을 날마다 더하게 하시니라(행 2:43-47).

〈공진단 만들기 클래스〉의 모델을 연구하면서 2천 년 전 박해로 뿔뿔이 흩어졌던 초대 교회를 원형으로 삼았다. 가진 것을 나누는 사랑의 공동체, 서로 모이기를 힘쓰고 떡을 나누며 하나님을 예배하는 그런 공동체가 〈공진단 만들기 클래스〉의 원형이라고 말할 수 있다. 나는 초대 교회의 사랑을 따르고 싶었다. 그래서 시작한 것이 〈공진단 만들기 클래스〉였다. 이것을 하다 보면 클래스 안에서 구원받는 사람의 수가 날마다 더해지는 하나님의 역사가 나타나리라 생각했다.

왜 공진단인가?

초대 교회의 모습을 재현하자고 하면서, 사람을 살리고 영혼을 구하자고 하면서 〈공진단 만들기 클래스〉를 한다면 선뜻 이해하지 못하는 분이 많을 것 같다.

그렇다면 왜 공진단인가를 좀 설명하고 싶다. 물론, 나도 한의약 업계에 몸담은 적이 없었더라면 평생 공진단의 '공' 자도 경험해 보지 못했을 것이다.

요즘 시대는 건강에 지대한 관심이 있는 시대다. 관심을 가지는 것 이상으로 건강을 소중하게 여기는 시대다. 건강해진다고 하면 뭐라도 해 볼 자세가 되어 있는 시대다. 건강식품은 말할 것도 없다. 건강이 키워드가 된 이 세상에서 공진단이라는 최고의 보약은 누구에게나 관심을 받을 수밖에 없다.

여기에 더해 인구 노령화 속도가 심상치 않다. 세상뿐 아니라 교회도 마찬가지다. 교회 안에 노인 성도가 많다. 노인이라고 건강에 관심이 없는 게 아니다. 오히려 더 크다.

그런데 노인 성도 대부분이 건강에는 관심이 많지만 전도에 대해서는 관심이 없다. 할 만큼 했다고 생각한다. 그런 건 젊은 성도나 하는 것이라 여기고 손 놓은 노인도 많다. 그러다 보니 '잘 끝내는 것'을 키워드로 삼고 인생을 어떻게 하면 잘 마무리할까만 고민한다.

그런데 문제는 젊었을 때 예수님의 제자가 되어 전도에 힘쓰고 영혼 구원을 진짜 많이 했기에 이미 할 만큼 했다고 말할 사람이 거의 없다는 것이다. 복음을 전하거나 영혼을 살려본 적이 전혀 없으면서 어떻게 인생을 잘 끝내겠다는 건지 한번 생각해 보아야 한다.

한 게 없으면 어떤 식으로든 잘 끝낼 수 없다. 그런 방법이 없다. 만약 있다면 나도 알고 싶다.

평생 자신 말고는 아무도 생각하지 않고 살았는데 어떻게 잘 끝낼 수 있겠는가!

〈FISH 전도법〉을 반영한 전도 이벤트에 꼭 〈공진단 만들기 클래스〉만 있는 것은 아니다. 전도를 위한 이벤트에 활용할 수 있는 몇 가지 라인업(line-up)이 있다.

그 가운데 하나가 이미 좋은 반응을 얻고 있는 '연령고본단'과 같은 보약이다.

내가 한의약 업계에서 일하는 동안 많은 한의사로부터 남성 성기능에 좋은 보약에 관한 주문을 받았다. 사오십 대, 그리고 그 이상의 남성이 겪는 어려움 가운데 성기능에 관련된 문제가 참으로 많다. 이런 어려움이 있는 남성은 대개 양약에 대해서는 부작용을 우려한다. 그래서 한약재로 만든 기능성 보약을 찾는 일이 많다.

교회 성도는 예전부터 여성이 주를 이룬다. 여성 성도의 기도 제목에는 남편에 대한 내용이 참 많다. 남편의 구원을 위해 새벽마다 울부짖는 여성 성도들을 보면 얼마나 가슴이 아픈지 모른다.

남성 태신자를 전도하기 위해 고안한 것이 바로 〈연령고본단 만들기 클래스〉이다.

실제 이 클래스를 남성 목회자들을 대상으로 해 보았다. 그 결과 많은 목사님으로부터 폭발적인 피드백이 있었다.

사실 개인적으로는 공진단만 제대로 먹어도 성기능에 대한 문제를 크게 겪지 않는다고 본다. 연령고본단은 말할 것도 없이 남성들에게 큰 도움이 된다.

여성 성도들에게 남성에게 좋은 보약을 부부가 함께 만들 수 있는 〈연령고본단 만들기 클래스〉를 홍보하게 하고 진행하면 의외로 반응이 좋다. 이런 기회를 만들어 믿지 않는 남편을 교회로 초청할 수 있다.

이게 다가 아니다. 교회마다 요즘 젊은 세대가 없다고 난리다. 삼사십 대가 없으니 어린이 주일학교가 없는 경우가 허다하다.

어떻게 해야 아이들의 부모들을 교회로 초대할 수 있을까?

아마 이런 고민을 교회와 목회자 대부분이 하고 있으리라 생각한다. 그래서 만든 것이 〈성장환 만들기 클래스〉이다.

요즘 젊은 엄마, 아빠의 관심이 무엇인가?

부모들이 애들에게 좋은 일이라면 전부 다 하려고 한다. 특히, 어릴 때 잘 먹여서 키 크고 건강하게 하려고 야단이다.

내가 알기로 이미 한국에서는 젊은 부모들 사이에서 아이들을 위한 '성장환'이 엄청난 인기를 끌고 있다고 한다. 요즘처럼 자녀를 많이 낳지 않는 부모의 입장에서는 귀한 자녀를 건강하게 잘 키우고 싶은 욕심이 있다. 그렇지만 자녀의 건강이나 성장과 관련된 보약의 가격이 만만치 않다 보니, 부모의 희생이 그 가격만큼이나 크게 필요하다.

젊은 부모가 적은 오늘날의 교회들이 이런 젊은 부모를 교회로 한 번이라도 초대하려면 뭔가 확실한 이벤트가 있어야 한다. 부모가 본인 입에는 못 넣어도 자녀의 성장과 관련된 특별한 보약을 만든다고 하면 관심을 가질 수밖에 없다. 젊은 부모를 위해 교회가 자녀를 위한 〈성장환 만들기 클래스〉를 연다면 분명 반응이 뜨거울 수밖에 없다.

이처럼 〈FISH 전도법〉을 기반으로 하여 교회의 형편과 상황에 맞게 전도를 위해 디자인한 세 가지 대표적인 보약 만들기 클래스를 준비했다.

이런 이벤트를 매주 할 수는 없겠으나, 가정이나 교회에서 탁자만 있으면 가능하도록 설계해 놓았다. 성탄 주일, 추수감사절, 어버이 주일 등에 다양하게 이벤트를 마련하고 성도들이 함께 홍보한다면 전도를 위한 클래스를 얼마든지 열 수 있다.

더 나아가 꼭 세상적으로 유명한 날이나 교회력에 표기된 특정한 날에만 이런 클래스를 할 수 있는 것이 아니다. 하루하루를 얼마든지 영혼 구원을 위한 날로 만들 수 있다.

예를 들어, 자녀를 등교시킨 전업주부들을 대상으로 아파트 한 가정에서 이런 클래스를 기획할 수도 있다. 교회의 남는 공간에서 얼마든지 주중에 이 같은 클래스를 통해 복음을 나눌 수 있다. 카페를 운영하는 교회라면 그 카페에서 하면 된다.

이 〈FISH 전도법〉의 보약 클래스가 좋은 또 다른 이유는 교회에 헌신적인 성도가 최소 세 명만 있어도 진행이 가능하게끔 설계되었다는 점이다.

목회자들의 한결같은 고민이 무엇인가?

교회 안에 영혼 구원과 전도에 지대한 관심이 있는 성도가 많으면 얼마나 좋을까!

현실은 그렇지 않은 경우가 더 많다.

이 같은 현실을 한탄하며 손을 놓고 있을 것인가?

개척교회, 가정교회와 같은 작은 교회들은 이 같은 현실적인 문제로 전도 이벤트를 한번 해 보기가 쉽지 않다.

이 같은 현실 속에, 마음은 있지만 현실이 따라 주지 않음을 한탄하며 땅만 보고 있을 것인가?

그래서는 안 된다. 아무리 헌신적인 성도가 적을지라도 영혼 구원과 사람 살리는 일은 교회의 존재 목적이요, 성도 된 우리가 살아가는 이유다.

나는 이 전도 클래스를 할 때 사모인 아내와 딸의 도움을 받아 함께 진행한다. 매번 다른 주로 사역하러 나갈 때마다 비싼 경비를 내고서 세 명이 함께 가는 이유가 있다. 나의 가정처럼 헌신적인 인원이 세 사람만 되어도 전도를 위한 보약 클래스를 진행할 수 있음을 보여 주기 위해서다.

현재 미국에는 개척교회, 가정교회 등을 포함한 작은 교회가 엄청 많다. 그 가운데에는 헌신적인 성도가 많지 않은 경우가 흔하다. 이런 상황에 있는 교회는 정말이지 이 전도 프로그램으로 1년에 서너 번이라도 이벤트를 기획하고 진행해 보라고 권면하고 싶다.

이쯤 되면 앞서 말한 개척교회, 가정교회 등을 포함한 작은 교회들, 그리고 헌신적인 성도가 없는 교회들이 이렇게 질문한다.

"돈이 없는데, 어떻게 이 이벤트를 하겠습니까?"

노스캐롤라이나주에 있는 어느 교회가 똑같이 질문했다. 재정부 장로님이 걱정이 이만저만이 아니라고 담임목사님이 내게 말했다. 그래서 대답했다.

"교회에서 이 전도 이벤트를 위해 단 1불도 쓰지 않습니다. 염려하지 마세요."

다음날 역시나 엄청난 일이 일어났다. 〈공진단 만들기 클래스〉 참가자들이 공진단을 더 사겠다고 난리가 났다. 내가 다른 지역의 목회자에게 선물하려고 했던 공진단까지 다 쓰고 한 알도 못 남겨 나왔다.

이 보약 만들기 이벤트는 성도와 태신자를 포함한 참가자들이 본인의 상황에 맞게 구매하고자 하는 만큼 본인의 돈을 내고 만들어 가져가는 것이다. 그러니 따로 교회가 재료비(경비)를 지출할 필요가 전혀 없다. 교회는 이 전도 이벤트를 위해 태신자들이 관심이 있는지, 관심이 있다면 구매를 원하는지 알아보고 참가자 인원과 원하는 공진단 개수만 파악하여 장소와 시간을 결정해 주면 된다. 교회가 파악한 구매 개수에 맞춰 내가 모든 재료를 준비해 진행한다.

물론, 이벤트를 준비할 때마다 교회가 알려 준 공진단의 개수보다 더 많은 양의 재료를 준비해 들어간다. 왜냐하면, 처음 이 클래스에 대해 들으면 아래와 같은 질문, 의문, 의심으로 눈을 반쯤만 뜨고 참여하는 분이 많기 때문이다.

"무슨 목사가 공진단을 만들어?"

"무슨 교회에서 공진단을 만들어?"

"공진단은 한의사를 통해 한의원에서 구매해야지."

보통 이런 분들은 의심 때문에 "한 다섯 개만 사 볼세"라고 말한다. 다들 그런 의심의 마음을 가지고 클래스에 들어온다. 내가 그분들의 마음을 정확히 알고 있다. 그래서 클래스를 진행하면서 이 책에 있는 내용을 간단히 정리하여 설명한다. 왜 이런 일을 하게 되었고, 왜 할 수 있는가를 설명한다.

그런데 만들기 클래스를 진행하는 가운데, 의심하는 마음으로 클래스에 들어왔던 참가자의 눈동자가 또렷해지는 순간이 온다. 바로 자신이 빚은 새까만 공진단이 식용 금박에 둘

러싸이면서 번뜩이는 금알로 변하는 순간을 볼 때이다.

비싼 식용 금박을 입히는 작업은 열한 살인 내 딸과 아내인 사모가 진행한다. 어린 딸아이가 묘기를 부리듯 금박 싸는 재주를 부릴 때, 반신반의하며 들어왔던 분들의 눈동자가 또렷해지며 그때부터 자기가 미리 주문한 개수보다 더 사겠다고 목소리를 높인다.

한두 번이 아니라 매번 이런 상황이 벌어진다. 이런 경험 때문에 나는 매번 클래스를 준비하면서 주문받은 공진단의 개수보다 더 많은 재료를 준비해 들어간다. 혹시라도 참가자들이 원하는 만큼 공진단을 구매하지 못하게 되면 그 책임은 고스란히 초대한 교회나 담임목사에게 돌아가기 때문이다. 또 아무개 집사는 더 구매했는데 자기만 더 못 샀다는 소위 '섭섭병'이 생기면 안 되기 때문이다.

그렇지만 이런 상황이 생긴다고 해서 무한대로 공진단을 만들지는 못한다. 클래스에서 만들 수 있는 공진단의 개수를 철저하게 제한한다. 왜냐하면, 이 클래스는 전도를 위한 시간이지 장사하는 시간이 아니기 때문이다.

기분 좋게 보약을 만들러 왔다가 노동이 되면 그 책임이 오롯이 교회의 담임목사님에게 돌아가기 때문에 개수를 제한할 뿐만 아니라 나의 말 한마디, 한마디에 신경을 쓰고 또 쓴다. 나는 한 번 방문한 것으로 끝일 수 있지만 담임목사님의 책임은 계속되기 때문이다.

 버지니아주의 어느 교회는 준비하는 과정 중에 공진단 제조 개수를 5백 개 이상으로 하겠다고 재료 준비를 부탁했다. 그 말을 듣고 나는 교회 담임목사님에게 안 된다고 했다. 노동이 되면 절대 안 되니 3백 개 이하로 결정해 달라고 했다. 그런데 담임목사님이 본인 교회 성도들은 일을 너무 잘하니 그 정도 개수는 충분히 만들 수 있다고 했다. 결국, 330개로 서로 합의한 후에 클래스를 진행했다.

 담임목사님의 말대로 그 교회 분들은 일을 정말 잘하는 분들이었다. 평소 만두 빚기로 이웃에게 사랑을 전하는 일을 했다고 들었는데, 그런 경험 때문인지 공진단 빚기는 일도 아닌 것 같았다. 결국, 추가로 준비해 간 여유분까지 해서 총 460개의 공진단을 만들어 나누어 가졌다.

많은 목회자가 클래스에서 공진단을 많이 만들면 진행하는 나에게 도움이 되지 않겠냐 하는 귀한 생각을 해 주시는 것 같다. 또한, 다른 주까지 왔는데 다른 비용은 몰라도 공진단이라도 팔아 주어야 한다고 생각하는 것 같다. 그런데 이를 어쩌나. 많이 만들면 만들수록 나는 다음날 허리, 팔목, 손가락을 구부리기 어려운 고통을 경험하게 된다.

다시 말하지만 이 〈공진단 만들기 클래스〉는 오롯이 영혼 구원을 위해 설계된 이벤트다. 이 클래스가 장사라면 더 많이 만들도록 부추기겠지만 오히려 개수를 제한한다. 오히려 많이 만들수록 나의 고통은 더해지고 참가자들의 수고가 더 요구된다.

사실 이 클래스를 디자인하면서 노동이 되지 않고 기쁨으로 서로 교제하며 사귐의 시간으로 만드는 것이 가장 중요했다.

오로지 교회와 목회자와 성도들이 태신자들과 관계를 구축하여 복음이 들어갈 수 있는 통로를 만드는 것이 이 클래스의 유일한 목적이기 때문이다.

그래서 공진단의 개수를 제한한다. 사실 개수가 파악되면 나는 업체에서 모든 재료를 후불제로 먼저 받는다. 대가를 지불하고 재료를 받아 와야 하지만, 내가 이윤 없이 이 일을 하는 것을 아는 업체에서 지금까지 배려해 주고 있다.

클래스가 너무 지루하게 오래가는 것도 참가자들에게 환영받지 못한다. 그래서 클래스는 두 시간으로 제한한다. 두 시간 안에 클래스를 끝내려면 공진단의 반죽 작업을 클래스 전에 끝마쳐야 한다.

나는 클래스를 시작하기 두 시간 전부터 호텔이나 교회, 현장에서 미리 반죽 작업을 진행한다. 이 작업은 육신의 수고에 기도를 더하는 작업이다. 고운 가루가 된 각각의 약재를 다시 고운 채에 걸러 내고 거기에 꿀과 청주를 넣어 반죽을 만든다.

반죽하면서 간절한 마음으로 기도한다.

"하나님, 모든 치료의 능력이 주님께 있사오니, 제발 이 공진단을 먹는 분마다 치유와 회복의 은혜를 누리게 하셔서 하나님만 드러나는 시간 되게 하시옵소서!"

🌑 아따메, 복잡한 게 아니랑게!

그러므로 생각하라 너희는 그때에 육체로는 이방인이요 손으로 육체에 행한 할례를 받은 무리라 칭하는 자들로부터 할례를 받지 않은 무리라 칭함을 받는 자들이라 그때에 너희는 그리스도 밖에 있었고 이스라엘 나라 밖의 사람이라 약속의 언약들에 대하여는 외인이요 세상에서 소망이 없고 하나님도 없는 자이더니 이제는 전에 멀리 있던 너희가 그리스도 예수 안에서 그리스도의 피로 가까워졌느니라 그는 우리의 화평이신지라 둘로 하나를 만드사 원수 된 것 곧 중간에 막힌 담을 자기 육체로 허시고 법조문으로 된 계명의 율법을 폐하셨으니 이는 이 둘로 자기 안에서 한 새사람을 지어 화평하게 하시고 또 십자가로 이 둘을 한 몸으로 하나님과 화목하게 하려 하심이라 원수 된 것을 십자가로 소멸하시고 또 오셔서 먼 데 있는 너희에게 평안을 전하시고 가까운 데 있는 자들에게 평안을 전하셨으니 이는 그로 말미암아 우리 둘이 한 성령 안에서 아버지께 나아감을 얻게 하려 하심이라 그러므로 이제부터 너희는 외인도 아니요 나그네도 아니요 오직 성도들과 동일한 시민이요 하나님의 권속이라 너희

> 는 사도들과 선지자들의 터 위에 세우심을 입은 자라 그리스도 예수께서 친히 모퉁잇돌이 되셨느니라 그의 안에서 건물마다 서로 연결하여 주 안에서 성전이 되어 가고 너희도 성령 안에서 하나님이 거하실 처소가 되기 위하여 그리스도 예수 안에서 함께 지어져 가느니(엡 2:11-22).

먼저 준비해 놓은 공진단 반죽은 약간의 숙성 과정을 위해 냉장고에 보관해 둔다. 그리고 본격적인 클래스가 진행된다. 공진단의 역사, 효능, 약재 등등 기본적인 내용을 설명해 나간다.

그 가운데 가장 중요한 것은 참가자들이 의심하는 부분을 설명을 통해 해소하는 것이다. 그다음으로 질문을 받는다. 여기까지 진행하면 의심하며 왔던 태신자들과 성도들의 의문이 어느 정도 풀리게 된다.

그리고 본격적인 클래스를 위해 마스크와 라텍스 장갑을 끼고 시작한다. 워낙 고가의 보약이기도 하고 나만을 위한 게 아니라 선물할 수도 있으므로 장갑과 마스크는 클래스 끝나는 시간까지 착용해 주길 부탁한다.

이처럼 공진단 제조의 전 과정은 철저한 위생 관리를 통해 진행된다. 본격적으로 작업을 시작하기 전에 하는 것이 두 가지가 있다.

첫째, 참여한 모든 분에게 공진단 한 알씩을 나눠 준다.

물론, 구매할 공진단에 비해 1그램이 적은 4그램으로 만든 샘플 공진단이다. 내가 클래스를 시작하면 아내인 사모가 샘플 공진단을 만든다. 그리고 그것을 모든 참가자에게 나눠 준다. 마치 성찬식의 떡을 나누듯 나눈다.

이때 소위 약발이 잘 받는 분은 뭔가를 느낀다. 물론, 위약 효과를 보는 분도 있을 것이다. 공진단을 꼭꼭 씹어 먹으면서 클래스가 진행된다.

둘째, 약간의 노동이 필요하기에 모든 참가자가 함께 어깨 돌리기, 손목 돌리기와 같은 약식 체조를 한다.

왜냐하면, 평소에 운동을 전혀 하지 않는 분도 있기에 클래스로 인해 다른 후유증이 발생하지 않게 하기 위해서다.

참가자들이 전자저울로 측정한 5그램 크기의 공진단 반죽을 받으면 두 손바닥으로 마치 새알을 빚듯 빙빙 돌리면서 공진단을 만들게 된다.

 이때 평소 몸에 열이 많은 분은 장갑에 공진단 반죽이 많이 들러붙게 된다. 그 장갑에 묻은 공진단도 스스로 핥아 먹는 참가자도 있다. 그래서 내가 우스갯소리로 참가자들에게 말하기도 한다.

 "그 장갑 그냥 버리지 마시고 핥아 먹거나, 집에 있는 남편에게 갖다주세요."

 이렇게 웃음 속에서 공진단 클래스는 진행된다.

 솔직히 나도 공진단을 먹을 형편이 되지 않아 반죽한 그릇에 물을 붓고 저어서 그 물을 자주 마셨다. 또는 반죽을 하고 난 후에 장갑에 묻은 공진단 반죽을 깨끗하게 핥아 먹었다. 그렇게라도 먹고 나면 신기하게 힘이 난다.

 누구 할 것 없이 처음 만나더라도 이 시간만큼은 서로의 이야기를 나누며 가까워지는 것을 경험한다. 때로는 누가 시키지도 않았는데 공진단에 대한 경험담을 이야기하는 분도 나온다. 경험담을 나누면서 다들 감동을 받는다.

나는 반죽을 떼고 공진단을 빚는 작업이 잘 돌아갈 수 있도록 지원하면서 클래스를 진행한다. 원활하게 진행되도록 신경을 쓰면서 중간중간 궁금한 점에 대해 질문을 받고 대답한다.

클래스가 진행되면서 참가자들이 빚은 공진단의 개수가 많아지면 이제 금박을 입히는 작업을 진행해야 한다. 사실 금박을 입히는 작업이 가장 중요한 작업이자 비싼 작업이라 할 수 있다.

금박은 금의 시세에 따라 조금씩 달라지지만 현재 미국에서 한의사에게 공급되는 도매 가격도 꽤 비싸다. 게다가 콧바람에도 얇은 금박이 들리거나 뭉개질 수 있다. 그래서 일반 참가자에게는 이 작업을 맡길 수가 없다.

나의 딸은 열 살 때부터 이 작업을 했다. 심지어 양손으로 금박을 싸고 돌리는 진기한 장면도 연출한다. 그러면 참가자들이 얼마나 좋아하고 신기해하는지 모른다. 어떤 참가자는 클래스 후에 수고한 딸아이에게 용돈을 주는 경우도 있다.

이미 언급했듯이 참가자들이 자신이 빚은 공진단이 금박에 싸여 번쩍이는 금알이 되면 눈에서 의심이 걷히고 원래 자기가 주문했던 개수에 대해 변심하는 경우가 많다. 이쯤 되면 한 분씩 나에게 다가와 속삭이듯 말하는 일이 생긴다.

"목사님, 저 주문한 것보다 더 많이 사야 해요. 누구도, 누구도 줘야 하고요. 더 필요해요. 더 주세요."

예상이나 한 것처럼 나는 말한다.

"그 부분은 제가 아닌, 담임목사님께 말씀하세요!"

나는 이 모든 클래스의 권위가 클래스가 열리는 교회의 담임목사님에게 있음을 확실하게 한다. 클래스와 관련된 모든 부분은 각 교회 담임목사님과 의논하라고 한다.

처음에는 무슨 공진단을 교회에서 만드나 하고 의심하는 마음으로 온 분들이 금박에 싸이는 공진단을 보면서 첫 번째로 감탄하고, 이 금박에 싸인 공진단이 한의원에서 구매하는 완제품처럼 예쁘고 고급스러운 케이스에 담길 때 두 번째로 감탄한다.

클래스를 운영하며 완제품을 만들기까지 필요한 모든 기술적인 준비는 내가 한다. 담임목회자와 성도들은 이 클래스를 통해 영혼 구원의 기적이 일어나기를 합심하여 기도하고 주변의 태신자들에게 열심히 홍보하면 된다.

오거나 안 오거나 하는 건 그들의 자유다. 와서 감동을 받아 하나님을 믿거나 안 믿거나 하는 문제도 우리가 결정할 수 있는 일이 아니다. 다만 우리는 협력하여 최선을 다하여 전도 이벤트를 준비해서 그들을 떠받칠 모퉁잇돌이 되어 보자.

하나님의 역사하심을 기대하면서!

🌑 아따, 짜자내서 으따 써먹으까!

> 내가 이런 사람을 위하여 자랑하겠으나 나를 위하여는 약한 것들 외에 자랑하지 아니하리라 내가 만일 자랑하고자 하여도 어리석은 자가 되지 아니할 것은 내가 참말을 함이라 그러나 누가 나를 보는 바와 내게 듣는 바에 지나치게 생각할까 두려워하여 그만두노라 여러 계시를 받은 것이 지극히 크므로 너무 자만하지 않게 하시려고 내 육체에 가시 곧 사탄의 사자를 주셨으니 이는 나를 쳐서 너무 자만하지 않게 하려 하심이라 이것이 내게서 떠나가게 하기 위하여 내가 세 번 주께 간구하였더니 나에게 이르시기를 내 은혜가 네게 족하도다 이는 내 능력이 약한 데서 온

전하여짐이라 하신지라 그러므로 도리어 크게 기뻐함으로 나의 여러 약한 것들에 대하여 자랑하리니 이는 그리스도의 능력이 내게 머물게 하려 함이라 그러므로 내가 그리스도를 위하여 약한 것들과 능욕과 궁핍과 박해와 곤고를 기뻐하노니 이는 내가 약한 그때에 강함이라(고후 12:5-10).

사실 처음 이 클래스를 디자인하면서 내가 망하더라도 영혼을 살리고 사람을 구하는 전도를 위한 클래스는 제대로 만들어야겠다고 다짐했다.

그래서 한의원에서 한의사를 통해 구매하는 공진단처럼 고급스러운 완제품을 선물해야겠다고 결심했다. 고급 케이스를 굳이 선택한 것도 참가자들의 마음을 여는 또 한 번의 감농석인 순간을 만들기 위해서였다.

처음에는 클래스에서 공진단 열 환을 구매하기만 해도 고급 자개 나무 상자에 넣어 드렸다. 그런데 웬걸, 도저히 책정된 재료비로는 감당이 되질 않았다. 잘해 주고 싶은 마음은 너무 큰데, 그렇다고 우리 교회가 계속 손해를 보면서 이 사역을 할 수는 없는 상황에까지 이르렀다.

그래서 울며 겨자 먹기로, 열 환을 구매하는 분에게는 종이 상자에 넣어 드리기로 결정했다. 종이 상자라 하더라도 고급형을 선택했기 때문에 받는 분의 감동이 결코 적지 않다.

나는 미리 받은 주문대로 클래스 말미에 공진단을 완제품으로 포장한다. 참가자들이 자신이 주문한 공진단이 자기 손에 의해 만들어져 금박을 입고 고급 케이스에 포장이 되어 완제품이 되는 모습을 보면 무척 만족해한다. 고된 사역에도 큰 기쁨과 만족이 참가자들의 반응과 비례하게 된다.

사실 처음부터 완제품을 보거나 이런 전 과정을 참가자나 이벤트를 진행하는 담임목회자가 안다면 좋겠지만, 누구도 이전에 경험해 보지 못한 새로운 사역이다 보니 처음이 어렵다.

나를 개인적으로 알지 못한 상황에서 더더욱 생소한 클래스에 대해 듣는 담임목회자들의 반응은 제각각이다. 나는 아무래도 을의 입장에서 갑인 교회와 담임목사님들을 설득해야 하는 일이 참 쉽지 않다. 솔직히 때로는 서럽기도 하다. 노골적으로 나의 교회 교세를 묻는 분도 있다. 물론, 마음은 충분히 이해한다.

이런 사역을 통해 우리 교회가 성도들로 차고 넘치면 알아 주겠지만 그렇지 못하니 나를 얼마나 신뢰할 수 있을까?

내 편에서는 비싸고 좋은 보약 중의 보약인 공진단, 평소에 먹어 보기 힘든 보약을 재료비만으로 구매할 수 있는 기회를 제공하지만 항상 을의 입장일 수밖에 없다.

때로는 장사꾼같이 보는 뜨거운 시선을 느낄 때도 있다. 큰 교회를 담임하거나 이름이 알려진 목사라면 굳이 이런 사역을 할 필요가 있겠는가마는 어찌 됐건 현재 나의 처지와 형편은 보잘것없는 개척교회, 작은 교회의 목사 그 이상도 이하도 아니다.

니의 입장에서 〈FISH 전도법〉 세미나와 〈공진단 만들기 클래스〉 사역을 초청해 달라고 부탁 아닌 부탁을 먼저 하게 된다. 나 자신을 위한 것이 아닌데도 엎드리고 엎어지게 된다. 영혼을 구원하고 사람을 살리는 일을 함께해 보자는 것인데 개척교회인 작은 교회를 목회하는, 남들은 듣도 보도 못한 목사의 입장에선 현실이 만만치 않다.

교회를 개척하고 처음 부교역자(전도사님)를 교단 신학교로부터 소개받게 되었다. 너무나 좋은 분이었다. 아주 마음에 들었다. 그런데 부임하기로 한 주일이 오기 전에 그분의 가족이 교회로 찾아왔다. 나는 반가워서 깍듯이 인사를 드렸다.

그런데 돌아오는 말은 차가웠다. 어디 소개할 데가 없어 이런 배울 것도 없는 데를 교수가 추천하고 소개해 주었는지 화가 나고 이해할 수 없다는 말이었다. 나는 연신 죄송하다고 엎드렸다.

그 가족은 내가 개척한 교회 바로 근처에 위치한 대형교회를 다니는 직분자였다. 이 일로 전도사님이 내게 사과하면서 우리 교회에서 사역하기로 결정했다고 다시 연락해 왔다.

나중에 전도사님의 가족도 우리 교회를 엄청 후원해 주었다. 이 전도사님이 있어 나의 〈FISH 전도법〉이 멈춤 없이 지금까지 올 수 있었다.

영혼을 구원하고 사람을 살리는 일은 큰 교회를 목회하는 유명한 목사가 되어야만 하는 일이 아니다. 개척교회 같은 작은 교회 목사는 전도에 대해 이야기하면 큰일 나는 게 아니다. 더 나아가, 전도해서 큰 교회가 된 전적이 있어야만 하는 것이 아니다.

대형교회에서는 목사의 훌륭한 설교 한 번으로 수평 이동의 열매가 맺히는 경우도 있다. 개척교회, 가정교회 등에서 사역하는 작은 교회 목회자가 1년이고 수년이고 공을 들이고 땀을 흘려 일군 성도가 주변에 잘 차려진 대형교회의 교육부와 좋은 프로그램 때문에 교회를 옮기는 경우가 많아도 너무 많다. 그때마다 작은 교회 목회자들은 피눈물을 흘리게 된다.

이런 현실이 때로는 서글프지만 그렇다고 영혼 구원을 위한 전도를 포기할 수가 없다. 절망하고 엎어져 있기엔 우리 주님 얼굴을 뵙기가 너무 민망하다. 아무짝에도 쓸모없는 우리를 자녀 삼으시고 영혼 구원이라는 대업에 동참시켜 주셨다. 이것이 은혜다.

다들 이 은혜로 예수님의 제자가 되기로 결단하지 않았는가?

비록 세상에서는 을처럼 살지만 하나님은 여전히 우리를 갑으로 사랑하고 함께하신다.

비록 세상과 다른 성도들은 알아주지 않는다 할지라도 우리 아버지 하나님의 사랑만 전할 수 있다면 되지 않겠는가?

"개똥도 약에 쓰려면 없다"라는 속담이 있는데, 개똥 같은 우리라도 약으로 쓰임받을 수 있다면 주님께 내드려야 하지 않겠는가?

공진단은 개똥과 비교할 수 없는 보약 중의 보약이다. 이 글을 읽는 당신도 공진단처럼 보약 중의 보약과 같은 존재이다.

개똥이든 보약이든 우리를 약으로 쓰시겠다는 우리 주님을 위해 달려 나가자!

약하면 약한 대로, 없으면 없는 대로 쓰임받자!

🌑 아따 징하게 반갑소잉!

> 그들이 모였을 때에 예수께 여쭈어 이르되 주께서 이스라엘 나라를 회복하심이 이때니이까 하니 이르시되 때와 시기는 아버지께서 자기의 권한에 두셨으니 너희가 알 바 아니요 오직 성령이 너희에게 임하시면 너희가 권능을 받고 예루살렘과 온 유대와 사마리아와 땅끝까지 이르러 내 증인이 되리라 하시니라 이 말씀을 마치시고 그들이 보는데 올려져 가시니 구름이 그를 가

리어 보이지 않게 하더라 올라가실 때에 제자들이 자세히 하늘을 쳐다보고 있는데 흰옷 입은 두 사람이 그들 곁에 서서 이르되 갈릴리 사람들아 어찌하여 서서 하늘을 쳐다보느냐 너희 가운데서 하늘로 올려지신 이 예수는 하늘로 가심을 본 그대로 오시리라 하였느니라(행 1:6-11).

나는 우연한 기회에 북한 선교를 전문으로 하시는 선교사님과 만난 적이 있다.

그 선교사님은 이미 한 차례 우리 교회에서 진행된 〈공진단 만들기 클래스〉에 참가한 경험이 있었다. 현재 북한 주민의 건강 상태가 너무나 심각하다는 말씀을 해 주셨다. 서양의학으로 감당할 수 없는 부분이 너무 많아 대체의학의 필요성이 대두되고 있다고 하셨다. 그런 관점에서 '공진단'이라는 보약이 너무나 크게 쓰이게 될 것 같다고 하셨다.

'공진단'이 현재 북한에 거주하는 주민뿐만 아니라, 중국 본토나 러시아에서 일하는 북한 노동자, 그리고 동남아시아에 거주하는 탈북민에게도 큰 도움이 될 수 있겠다는 말씀이었다.

물론, 북한에 살거나 다른 나라 곳곳에 흩어져 있는 북한 사람들을 돕기 위해서는 선행되어야 할 일이 상당히 많을 것이다. 여러 규제와 어려움, 심지어 위험이 도사리고 있을지도 모른다.

그런데도 나는 선교사님을 만나 나눈 대화로 상당한 흥분감을 느끼며 기도하게 되었다. 언제, 어떤 방법으로 북한 사람들을 도울 수 있을지 지금으로서는 명확한 것이 없지만 언제라도 주님이 〈FISH 전도법〉과 〈공진단 만들기 클래스〉를 쓰겠다고 하시면 "제가 여기 있습니다" 하며 달려 나갈 마음이 있다.

현재 나는 미국에서 북한을 돕는 선교 단체와 협력하면서 기존의 선교 방법과 '공진단'이 어떻게 시너지 효과를 일으킬 수 있는가를 연구하고 있다. 공진단이라는 것이 중국에서 오랜 역사와 전통을 가지고 있고 한국에서도 이미 그 탁월한 효능에 대해 이견이 없기에 북한 주민에게도 들어갈 수만 있다면 큰 효과를 볼 수 있을 것이라 생각한다.

다만 누가 언제 어떻게 이 일을 감당하느냐가 문제인데 이것은 누구 한 사람의 헌신과 희생이 아닌, 한국 교회 전체의 책임이요 모든 성도들의 기도 제목이 아닐까 생각한다. 지금까지 여러 방법으로 북한과 북한 주민을 도왔던 한국 교회에게 새로운 선교의 패러다임을 제시할 수 있지 않을까 조심스럽게 생각해 본다.

이 일이 가능하기 위해서는 먼저 선행되어야 할 일이 있다. 북한 땅에 있거나 다른 곳에 흩어져 있는 북한 주민에게 '공진단'을 나누기 위해서는 사랑하는 조국 대한민국에 먼저 〈FISH 전도법〉과 〈공진단 만들기 클래스〉가 들어가야만 한다. 선교의 중심, 복음의 중심인 대한민국에 먼저 들어가야 한다.

왜냐하면, 공진단은 이미 한국에 널리 알려져 있고, 한국 사람이 좋아하는 대표적인 보약이기 때문이다. 한국이 열리고 한국에서 검증이 되어야 이 전도법과 클래스가 세계 곳곳으로 전해질 것이다.

요즘 한국 교회가 여러 이단으로부터 공격을 받고 있다. 지금은 전도 운동에 대한 불이 다시 일어나야 할 때이다. 이런 상황에서 이전에 시도하거나 경험해 보지 않았던 〈FISH 전도법〉과 〈공진단 만들기 클래스〉라는 전도의 도구가 여러 모로 신선한 바람을 일으킬 수 있으리라 예상한다.

복음은 흘러, 흘러 땅끝까지 전해져야 한다. 복음이 들어가야 할 그 길을 〈FISH 전도법〉과 〈공진단 만들기 클래스〉가 예비하는 역할을 감당하는 것이 조국 대한민국을 향한 나의 꿈이요 소망이다.

내가 비록 보잘것없어 보이는 작은 개척교회의 목사지만, 2천 년 전 마가의 다락방에서 성령 하나님의 임재와 그분이 주신 비전으로 뜨거웠던 예수님의 제자들처럼 땅끝을 향해 나아가며 영혼 구원의 사명을 감당할 수 있는 예수님의 제자가 되기를 소원한다.

가는 곳곳마다 살려야 할 수많은 영혼을 반기며, 치유되고 회복되어야 할 잃어버린 영혼이 돌아올 때 "징하게 반갑소잉" 하며 기쁨의 인사를 나눌 그날을 기대하며 하루하루 꿈꾸며 살아가고 있다.

맺는 글

필자는 장사꾼도 아니고 한의사도 아니다. 책 한 권 더 팔고 싶어 〈FISH 전도법〉 세미나를 하거나 공진단 한 알을 더 팔기 위해 〈공진단 만들기 클래스〉를 하는 것이 아니다.

지극히 평범한 목사로 척박한 이민목회를 감당하면서도 영혼 구원이 세상 무엇과도 비교할 수 없는 가치 있는 일이며 교회와 성도의 존재 이유요 목적이기에 함께 사람을 살리고 영혼을 구원하는 전도 운동을 펼치자고 이 일을 하는 것이다.

하나님은 그분의 자녀에게 누구 할 것 없이 사람을 살리며 생명을 구할 은사(달란트)를 주셨다. 이 은사를 땅에 묻어 놓고 살다 주님 앞에 가면 책망받을 수밖에 없다. 자신만의 은사를 가지고 생명을 살릴 방법을 연구하고 찾아야만 한다.

이 〈공진단 만들기 클래스〉는 하나의 샘플로 필자의 삶 속에서 찾은 필자의 은사가 고스란히 녹아든 전도 방법일 뿐이다.

누구라도 자신의 은사를 발견하여 전도하겠다는 열정으로 자신만의 고유한 전도법을 개발하고 발전시킨다면 분명 살아 계신 하나님께서 가장 기뻐 받으실 만한 영혼 구원의 이벤트가 만들어질 것이다. 그 은사가 종이 접는 일이든, 색을 칠하는 일이든, 나무를 깎는 일이든 얼마든지 또 다른 전도법을 만들 수 있다.

지금 이 글을 읽는 당신에게는 어떤 전도법이 있는가?
어떤 방법으로 전도하고 있는가?
혹시 전도는 하고 있는가?
전도는 그냥 교회나 목사가 하는 것이라 생각하는가?

지금 이 순간에도 우리 주변의 이단은 각양각색의 방법으로 포교 활동을 펼치고 있다. 그들은 치밀하게 계산하고, 더 감각적인 방법으로 사람들에게 접근하고 있다. 수단과 방법을 가리지 않고 포교하는 이단을 막기 위해 '교회 출입 금지'라는 안내문만 붙이는 유약한 교회나 성도가 되어서는 안 된다. 그저 '내가 믿는 종교가 참진리다'라고 위안 삼으며 '나만 바른길 가면 된다'라는 마음으로 가만히 있어서는 안 된다.

우리가 믿는 예수 생명의 도는 참된 제자들을 통해 또 다른 제자를 남기는 일을 끊임없이 이어 왔다. 그 결과로 필자와 이 책을 읽는 당신에게 복음이 전해졌다. 그렇다면 이제는 우리가 예수님의 제자가 되어 또 다른 제자를 남겨야 할 때다.

여전히 무엇을 먹을지, 무엇을 마실지, 무엇을 입을지에 관한 문제로 고민하며 염려하고 있는가?

하나님의 나라와 그분의 의를 구할 때 모든 염려를 책임져 주실 하나님을 신뢰하기 바란다. 하나님의 나라와 그분의 의가 필자와 이 글을 읽는 모든 이를 통해 이루어지길 바라며 소원한다. 아직도 하나님을 알지 못하는 이들에게 하나님의 나라와 그분의 의로우심을 전하고 나누는 복되고 가치 있는 인생을 살기를 축복한다.

사람을 살리고 영혼을 구원할 전도 운동은 세상의 유행처럼 흘러 지나가는 바람이 되어서는 안 된다. 모양과 내용은 바뀔 수 있겠으나 사람을 살려 구원받는 자의 수가 날마다 더해지는 기적만큼은 사라지지 않아야 한다. 각자에게 주신 은사를 따라 자신만이 감당할 수 있는 모양과 방법으로 맡기신 사명을 감당하는 예수님의 제자가 되기를 축복한다.

이런 측면에서 아직 자신만의 전도법을 발견하지 못해, 전도는 해야 하는데 방법을 얻지 못해 갈등하는 모든 그리스도인에게 필자의 〈FISH 전도법〉과 〈공진단 만들기 클래스〉가 좋은 샘플이 되기를 소망하며 기도한다. 또한, 교회공동체적으로 확실한 전도 방법이 없거나 있어도 추가적으로 더 필요하다면 필자가 제안한 전도법과 클래스를 시도해 보기를 권면한다.

영혼 구원의 가치를 발견하고 이 일에 헌신한 모든 예수님의 제자들에게 넘치는 아버지의 사랑과 은혜가 함께하기를 소망한다.